COMÉDIEN

PARIS

E. DENTU, ÉDITEUR

L'HÉRITAGE
DU
COMÉDIEN

Paris— Imp. de Dubuisson et Ce, 5, rue Coq-Héron.— 8264

L'HÉRITAGE
DU
COMÉDIEN

PAR

PONSON DU TERRAIL

PARIS

E. DENTU, ÉDITEUR

Libraire de la Société des gens de lettres

PALAIS-ROYAL, GALERIE D'ORLÉANS, 17-19

1864

Tous droits réservés

A

MONSIEUR ED. PAGNERRE

Souvenir de bonne et cordiale amitié

PONSON DU TERRAIL

L'HÉRITAGE
DU COMÉDIEN

I

—Aussi vrai que je suis le plus mauvais sujet de l'Université, aussi vrai que vous tous qui m'écoutez, vous êtes des imbéciles, je vous jure que la blonde pupille de mon père, — Satan puisse-t-il lui tordre le col ! car j'ai soif d'hériter, — la belle Héva, — sera ma maîtresse avant huit jours !

Ces paroles impies furent prononcées, une nuit d'hiver, dans une brasserie pleine d'étudiants et de grisettes, au bord du Neckar, à trois pas du vieux pont de Heidelberg.

Au dehors, une bise aiguë balayait la neige sur les toits et chassait les passants attardés dans la rue.

Au dedans, le feu flambait et pétillait, la fumée des longues pipes de porcelaine obscurcissait la blafarde et douteuse lueur des lampes placées sur la table; la bière moussait dans les chopes, le vin du Rhin coulait à flots dans les verres bleus de Mannheim et de Stuttgardt.

Les étudiants riaient, les femmes chantaient, et tous, d'un commun accord, convenaient que Samuel Kloss était ivre.

— Oui, reprit l'étudiant qui répondait à ce nom, Héva la blonde, Héva l'ange aux yeux bleus, aux lèvres roses, à la joue veloutée comme une pêche, Héva m'appartiendra!

— Oh! dit une jeune fille brune et blanche, si ton père est le tuteur d'Héva, mon beau Samuel, je t'engage à ne pas t'avancer ainsi à la légère.

— C'est parce que tu crains que je ne te quitte, Déborah la Juive? Va, rassure-toi, mon amour, répondit l'étudiant, un homme comme Samuel a l'estomac assez vaste pour engloutir le contenu du grand foudre d'Heidelberg, et le cœur assez large pour que trois femmes y puissent tenir à l'aise!

— Bravo! s'écria Frantz, un des amis de Samuel; jusqu'à présent le vin faisait voir double, mais quand tu as bu, ô Samuel, le vin se montre magnifique envers toi : tu vois triple!

Samuel allait répondre, lorsqu'on entendit dans la rue le pas d'un cheval.

— Quel est le butor qui voyage par un temps pareil? s'écria Frantz.

La porte s'ouvrit et un homme s'arrêta sur le seuil, disant :

— C'est moi!

L'homme qui entrait était couvert d'un grand manteau tout moucheté de neige.

Il était vieux, d'aspect sévère, et ses sourcils noirs formaient un dur contraste avec ses cheveux presque blancs.

— C'est moi, répéta-t-il en allant s'asseoir au coin du feu, et vous êtes bien heureux, mes jeunes drôles, de n'avoir autre chose à faire que rire, boire, chanter et caresser de la main les épaules frémissantes de ces belles enfants.

Sur ces mots, il ôta son chapeau et salua les dames.

— Il me plaît, ce vieux, dit Samuel ; il vous a l'air naïf d'un Philistin, et il doit porter le vin du Rhin comme un âne porterait le tonneau du vieux château, qui est grand comme une église. Veux-tu boire un coup, vieux ? reprit-il en tendant son propre verre au voyageur.

— Volontiers.

Et le voyageur prit le verre, le laissa emplir et le vida.

— A votre santé ! dit-il, et ne vous gênez pas pour moi ; continuez votre conversation...

Samuel se tourna vers Frantz :

— Que disais-tu donc, toi ?

— Que tu voyais triple.

— Ah ! ah !

— Déborah est ta maîtresse...

— Et j'en suis fière ! dit la Juive, une belle fille d'Israël, venue de Munich à Heidelberg il y avait un an à peine.

— Bon ! fit Samuel, après ?

— Après, tu veux être aimé d'Héva, la pupille de ton père ?...

— Que Satan étrangle au plus vite ! répéta Samuel, car il a de l'or et des châteaux à faire passer le grand-duc pour un pauvre homme.

— Eh bien ! reprit Frantz, Déborah la brune, Héva la blonde, combien ça fait-il ?

— Deux femmes.

— Où donc est la troisième, à qui tu réserves une place dans ton cœur ?

— Celle-là, c'est celle que j'épouserai, répondit Samuel.

On se prit à rire en chœur autour de la table, et les verres s'entre-choquèrent de nouveau.

Le vieux voyageur secouait tranquillement la neige qui couvrait son manteau, et exposait, pour les sécher, ses grandes bottes armées d'éperons à la flamme du foyer.

Il tourna la tête aux derniers mots de Samuel, et lui dit :

— Si vous aimez Héva, la pupille de votre père, pourquoi ne l'épousez-vous pas ?

Samuel haussa les épaules :

— O Philistin chéri, dit-il, tu es naïf ! Mais ne sais-tu donc pas, — ou plutôt non, tu ne sais pas, — que la blonde Héva n'a d'autre dot que ses cheveux d'or et ses dents blanches ?

— Mais votre père est riche... vous le serez à votre tour...

— Ce bonhomme est fou ! murmura Samuel. Garçon ! verse-lui de la bière, de la simple bière. Son intelligence n'est pas à la hauteur du vin du Rhin.

Le vieillard ne se fâcha point ; tout au contraire, il dit avec douceur :

— Je préférerais un verre d'eau-de-vie ou de genièvre pour me donner du cœur, car j'ai encore une longue route à faire, et on a bien froid, mes jeunes maîtres, quand on est à cheval par un temps pareil.

— Donne-lui de l'eau-de-vie, ordonna Samuel, et qu'il s'en aille! Il m'ennuie, ce bonhomme!

Le vieillard ne sourcilla point; il vida un grand verre d'eau-de-vie, rajusta son manteau, remercia poliment, ôta et remit son chapeau, puis sortit.

Les étudiants le virent détacher son cheval, dont il avait passé la bride dans un anneau de fer adhérent au mur extérieur, sauter lestement en selle et partir au galop.

Le cabaretier ferma la porte.

— Tu as eu tort, Samuel, dit un jeune étudiant nommé Conrad, de rudoyer ce pauvre brave homme. Il a le caractère bien fait, du reste.

— Il est bête comme un cygne! ricana Samuel.

Frantz fronça le sourcil :

— Moi, je me repens, dit-il, de l'avoir traité de butor. On ne sait pas...

— Plaît-il? fit Samuel.

— Et cela, continua Frantz, me remet en mémoire une aventure désagréable qui pourrait bien te donner à réfléchir, Samuel.

— En vérité !

— Un mien cousin, officier, rudoyait un soir un bonhomme. Le bonhomme ne se fâchait pas. Il alla jusqu'à le tutoyer, et le bonhomme, qui avait l'air modeste, devint humble et lui parla à la troisième personne. Or, le lendemain, l'archiduc passait une revue, et mon cousin, qui allait devenir capitaine au premier jour, faillit tomber de cheval en regardant le prince. L'uniforme semé de crachats recouvrait la poitrine du bonhomme tutoyé la veille dans une taverne de faubourg.

Il y a dix ans de cela, et mon cousin n'est pas encore capitaine.

Samuel jeta le contenu de son verre sur le parquet et dit:

— Frantz, tu m'endors avec tes histoires. Y a-t-il rien de commun entre le pélican qui sort d'ici et un archiduc?

— Hé! hé! dit un étudiant grave et silencieux jusque-là, si par hasard il connaissait ton père et qu'il lui racontât...

— Triple sot! mon père ne connaît plus personne...

— Hein? fit Déborah.

— Mon père est retiré dans son vieux manoir de Kurbstein, à six lieues d'ici, et il n'en sort pas une fois par an.

— Voilà où mène la gloire! murmura le jeune Fritz.

Samuel l'enveloppa d'un regard louche :

— Mon poulet, dit-il, assassine mon père si bon te semble! — j'hériterai plus tôt, — mais ne raille pas! Sais-tu bien qu'il a été le plus grand comédien de l'Allemagne, que les populations s'attelaient à sa voiture, que les rois...

— Assez! assez! hurlèrent les étudiants, tu nous a déjà dit cela vingt fois.

— Samuel, mon petit, ricana Déborah, je vais te mettre à l'amende, c'est-à-dire que je te fermerai ma porte au nez et t'enverrai à la conquête de ta blonde Héva, si tu nous par les encore des succès dramatiques de ton père.

Comme on riait de la menace de Déborah, la porte s'ouvrit une seconde fois.

— Est-ce ici le cabaret de la Licorne? demanda un homme vêtu de la livrée d'un domestique, en jetant un regard indécis sur les étudiants.

— Oui, répondit Samuel, mais on n'y reçoit pas les valets.

Le domestique était venu à cheval, il était couvert de neige et son nez était rouge.

La dure apostrophe de l'étudiant ne le déconcerta point. Il s'avança tranquillement jusqu'au milieu du cabaret, et, regardant toujours les buveurs :

— Monsieur Samuel Kloss ne serait-il point parmi vous ? demanda-t-il.

— C'est moi.

Alors seulement le valet se découvrit.

— Monsieur mon maître, dit-il, je viens du château de Kurbstein.

— Ah ! ah ! tu es au service de mon père ?

— Oui, monsieur.

— M'apportes-tu de l'argent ?

— Oui, monsieur, et je viens vous chercher, car votre père se meurt...

Samuel fit un bond sur son siége et se leva tout debout ensuite :

— Mais répète donc cela ! s'écria-t-il; répète, maraud !

— Monsieur, répéta le domestique lentement, votre père est gravement malade, et on dit qu'il va mourir.

— Bah ! fit Samuel, on m'a déjà dérangé deux fois en pure perte... Mon père est plus solide que ça, mon garçon.

— Monsieur, reprit le domestique, ne paraissant point comprendre le cynisme de ces paroles, je vais demander à la poste, qui est ici près, une voiture et des chevaux, et je vous reprends avant un quart d'heure.

Et il sortit.

— Allons ! mon petit Samuel, dit Frantz, ton jour de gloire est arrivé. Papa va revoir tes ancêtres, et tu vas mettre la main sur les florins d'or à l'effigie des quatorze souverains allemands.

Samuel fronçait le sourcil.

— Est-ce que je sais, moi ! dit-il enfin. Mon père est un glouton qui aime les poulardes truffées, les suprêmes de volaille et les bisques d'écrevisses ; — le tout combiné lui amène souvent des indigestions, et il se croit mort. Alors les domestiques courent les grandes routes ; on appelle le médecin, on vient me chercher... Et moi, candide ! je me mets en route ; et quand je suis arrivé, espérant m'en retourner millionnaire, je trouve mon père souriant, ingambe, qui me dit d'un ton railleur :— Ce n'est rien ; mais j'ai eu bien peur, je t'assure.

— Mais ce père-là est idiot ! s'écria Fritz.

— Aussi, acheva Samuel, je ne me dérangerais pas cette fois si je n'avais l'intention d'enlever ma blonde Héva.

Déborah prit un couteau sur la table et ses yeux étincelèrent.

— Tu veux donc que je te tue ! dit-elle.

Déborah avait le vin mauvais et sa jalousie se développait dans l'ivresse.

Samuel lui arracha le couteau et le jeta à dix pas.

Puis il prit dans ses mains robustes les poignets délicats de la Juive, et, la regardant fixement :

— Veux-tu faire un marché ? dit-il.

— Cela dépend...

— J'ai un caprice pour Héva. Il me faut Héva ! je veux Héva !... Si tu te mets en travers, aussi vrai que je me nomme Samuel, je t'abandonne sur-le-champ.

Une larme roula dans les yeux de Déborah.

— Et si je me résigne?...

— Ce n'est point assez, il faut que tu me serves !

— Eh bien ! si... je... te... sers...

— Je t'achèterai ce collier de perles fines que tu as vu dans la boutique du vieil orfèvre qui loge à l'hôtel du Prince Karl.

— J'aime mieux ton amour...

— Tu n'auras ni l'un ni l'autre. C'est à prendre ou à laisser...

— Mais enfin, murmura la Juive, comment donc puis-je te servir?

— J'ai une idée... D'abord, je t'emmène...

— Où?

— Chez mon père, pardieu !

— Décidément, il est ivre-mort ! s'écria Frantz.

— Il y a mieux, continua Samuel en se tournant vers les étudiants, il me faut trois de vous. Qui m'aime me suive !

— Boira-t-on? demanda une sorte de colosse stupide qu'on appelait Goliath et qui était ivre toujours.

— Parbleu !

— Alors, j'en suis.

— Et moi aussi, dit Frantz.

— Et moi aussi, dit le jeune Fritz, étudiant novice qui voulait se former l'esprit et le cœur à l'école de Samuel.

— Mais enfin, qu'allons-nous faire à Kurbstein? demanda la Juive.

— Vous assisterez à l'enterrement.

— Et si ton père ne meurt pas?...

— Vous m'aiderez à enlever Héva la blonde.

Comme il achevait, on entendit claquer le fouet des postillons, et un joyeux tintement de grelots domina les pleurs aigus de la bise d'hiver.

— Allons, en route ! dit Samuel, qui se drapa dans son manteau avec la grâce d'un héros de roman.

— Un moment, observa Déborah : si réellement ton père est à l'agonie, il serait impie d'arriver ainsi au château ?

— Aussi, je vous logerai dans le bourg qui est en bas de la montagne, car mon père est perché tout à côté du ciel, de façon sans doute à y passer sans trop se déranger !

Et Samuel laissa bruire un long éclat de rire entre ses lèvres minces et sardoniques, et il ouvrit la porte du cabaret.

— Mon garçon, dit-il au valet de son père, voici de mes amis qui vont à Kurbstein. Tu feras arrêter à la porte de l'hôtellerie du *Chien-Dogue*.

Le postillon, chaussé de grandes bottes, était à cheval sur son porteur. Il fit claquer son fouet, et la berline de voyage partit au grand trot.

— Messieurs, ricana Samuel, j'aime à croire que les chevaux sont ferrés à glace ; sans cela peut-être mon père et moi nous changerions de rôle : il serait l'héritier et moi le testateur ; — auquel cas il serait volé, car j'ai jeté tout à l'heure sur la table, pour payer votre ivresse, mon dernier frédéric d'or !

II

Il était vieux comme le monde, ce manoir de Kurbstein.

Kurbsteinbourg, comme on dit outre-Rhin.

Il avait des tourelles en poivrière, des croisées ogivales, des créneaux à faire regretter la féodalité.

Une belle forêt de sapins à peu près aussi vieux que lui l'entourait; un rocher lui servait de base.

Avec un peu d'imagination, rien qu'à le voir, moussu, verdâtre, délabré, ses toits couverts de cigognes blanches, on se prenait à rêver chevaliers bardés de fer, châtelaines au long corsage avec l'aumônière au côté, pages vêtus de velours, valets à casaques mi-parties.

Et des légendes !

Jamais vieux burg des bords du Rhin, couronné de pampres sauvages, n'avait eu si mirifique histoire.

Le bon Dieu y avait logé; le diable avait failli s'y noyer dans une cuve d'eau bénite; un mari jaloux s'y était cru le droit de jeter du haut de son beffroi un pauvre diable d'amoureux qui racontait à sa femme une histoire anacréontique : Les fantômes n'en étaient point exclus.

On y *revenait* à minuit, fort décemment vêtu d'un suaire, avec deux trous en guise d'yeux, et des tibias décharnés en manière de jambes.

A la vesprée, quand l'ombre montait de la plaine, le bûcheron se signait en passant auprès du pont-levis.

S'il faisait nuit, il chantait pour se donner du courage, se mettait à courir et rentrait avec la fièvre.

Au bas d'un parc en amphithéâtre, il y avait une croix plantée, disait-on, sur la tombe d'un châtelain étranglé par Satan.

Toutes ces sinistres traditions n'avaient point empêché, un matin, il y avait vingt ans, une chaise de poste de gravir la route ardue qui grimpait, tortueuse, jusque sous les murs du manoir.

Un voyageur encore jeune en était descendu, suivi d'un autre personnage tout petit, tout rond, cravaté de blanc, habillé de noir, et dans le costume qui sied à un véritable homme de loi.

Le premier avait une belle tête intelligente, une parole puissante et sonore, quelques gestes un peu emphatiques peut-être et la démarche d'un homme habitué à se montrer en public.

A tout hasard, l'homme de loi, qui était un tabellion de la ville voisine chargé de vendre le vieux burg, l'appelait tour à tour *Votre Seigneurie* et *Votre Altesse*.

Ce qui amusait fort le voyageur.

Le manoir lui plaisait. Il était à vendre pour quelques milliers de florins.

Le voyageur l'acheta, puis il mit son nom au bas de l'acte, ce qui fit faire un pas en arrière au tabellion.

Ce nom, composé de quatre consonnes et d'une voyelle, impressionna pourtant plus vivement le tabellion que ne l'eût fait le paraphe du roi de Prusse, de l'archiduc Ferdinand d'Autriche ou de l'empereur Alexandre de Russie. L'acquéreur avait signé simplement :

KLOSS

Mais Kloss, pour les Allemands, du Rhin au Danube, de l'Adriatique à Venise, c'était quelque chose comme Talma ou mademoiselle Rachel pour nous.

Et le tabellion salua encore plus bas que s'il eût eu affaire à une Altesse Sérénissime ou Royale.

L'acteur Kloss quittait le théâtre et il cherchait une retraite.

Il avait traversé le matin une jolie vallée, puis un coquet petit village, et puis il avait levé la tête et aperçu le manoir perché sur son roc comme un aigle au bord de son aire.

Six mois après, un peuple d'ouvriers avait fait du castel abandonné une demeure très confortable, et, depuis vingt ans, Kloss, devenu misanthrope, y vivait l'hiver et l'été.

Mais les légendes n'avaient point abandonné la place sans coup férir, les fantômes avaient résisté.

On disait même que, parfois, durant les nuits silencieuses et claires, un démon femelle chantait des airs d'opéra, et que les malheureux qui s'oubliaient à écouter sa voix enchanteresse, s'en allaient le cœur troublé.

On avait vu quelquefois, par les beaux clairs de lune, une femme en robe blanche glisser légère à travers les sapins.

Le village tenait bon ; il continuait à considérer le manoir comme un lieu maudit.

Or, par cette froide nuit d'hiver, où l'étudiant Samuel avait quitté Heidelberg en joyeuse compagnie, deux heures après ce départ, la chaise de poste entra dans le petit village de Kurbstein.

Il était environ deux heures et demie du matin, la route était glacée, et, en s'arrêtant devant l'auberge du *Chien-Dogue*, à la porte de laquelle Samuel et ses compagnons firent un tapage d'enfer, le postillon déclara qu'il était impossible de gravir la montée qui conduisait au château.

— Eh bien ! dit Samuel, je monterai la côte à pied.

L'hôtelier s'était levé et accourait avec ses servantes.

— Tu vas héberger comme des grands seigneurs cette dame et ces messieurs, lui dit l'étudiant. C'est moi qui paye !

L'hôtelier salua.

— Monsieur, dit le valet, vous savez le chemin ; excusez si je ne monte pas avec vous ; je vais prévenir le curé.

Samuel se mit à rire.

— Allons ! dit-il, voici que ça prend une tournure. Est-ce que, décidément, je serais sur le point de passer à l'état d'héritier ?

Et s'adressant au valet :

— Sais-tu si la porte du parc est ouverte ?

Au mot de parc l'hôtelier se signa.

— Est-ce que vous voudriez traverser le parc, monsieur? demanda-t-il avec effroi.

— Pourquoi pas? bonhomme...

— Mais, monsieur, songez-y..., à cette heure il est plein de fantômes!

Samuel eut un nouvel éclat de rire.

— Ah! vous êtes impie! murmura l'hôtelier avec terreur. Dieu vous punira.

Samuel ricana de plus belle.

— Et puisqu'on dit que votre père va mourir, poursuivit l'hôte, prenez garde! car si vous rencontrez le nain blanc...

— Qu'est-ce que le nain blanc?

— Un fantôme qui ne se montre que les jours de deuil.

— Adorable! dit Samuel, puissé-je me trouver nez à nez avec lui!

L'hôtelier fit un nouveau signe de croix :

— Cet homme est damné par avance! dit-il tout bas.

Mais Samuel reprit :

— Et quand on rencontre le nain blanc, qu'arrive-t-il?

— On est triste toute sa vie.

Samuel haussa les épaules.

— Bonsoir! dit-il, on doit m'attendre là-haut.

Il s'enveloppa dans son manteau, mit un baiser au front de Déborah et partit.

La nuit était claire comme une aube de juin.

La lune resplendissait sur la neige, les sapins étincelaient sous le givre comme des arbres de Noël.

— Allons! allons! se disait Samuel, c'est sérieux, je le vois, puisqu'on va chercher le curé.

Il tira un briquet de sa poche et alluma un cigare, puis

il se mit à grimper la côte d'un pas alerte, et s'adressa le petit monologue suivant :

— Donc papa va faire ses malles pour l'autre monde! C'est bien ; mais ce qui serait mieux encore, ce serait qu'il fût parti quand j'arriverai. Je n'aime pas les adieux, c'est insupportable! Il y a des gens qui pleurent, il faut faire comme eux... Je suis nerveux, et ces choses-là me font mal. Or çà, pas de bêtises, maintenant, Samuel, mon ami. Quand on doit rentrer dans le monde avec 2 ou 3 millions de florins, il faut se bien porter, être avare d'émotions et se faire une raison...

Comme il se traçait cette sage ligne de conduite, il atteignit la porte du parc.

Elle était entr'ouverte.

Samuel Kloss se retourna et vit le village sous ses pieds.

Le village dormait sous sa couche de neige. Seule, l'hôtellerie du *Chien-Dogue* était encore éclairée, et des rires montèrent jusqu'à l'étudiant, à travers le calme de la nuit.

— Bravo! se dit-il, voilà des gaillards qui s'amusent; c'est plaisir, vraiment, de les avoir amenés.

Sur ce, il franchit la porte du parc, chercha son chemin dans la neige et fit quelques pas.

Mais soudain, il s'arrêta un peu ému, et ses cheveux, tout brave qu'il était, se hérissèrent...

Une forme blanche passait à travers les sapins...

— Ah çà, s'écria-t-il, espérant, comme les bûcherons de la contrée, se donner du courage en parlant très haut, c'est donc vrai? Il y a donc des revenants...

Et comme la forme blanche semblait venir à lui, il éprouva un malaise subit, et ses jambes fléchirent......

L'homme qui n'a jamais eu peur n'existe pas ; — celui qui prétend avoir toujours été brave est un menteur, à moins, toutefois, qu'il ne soit un poltron fieffé.

Un jour, Turenne vit arriver au camp un jeune gentilhomme capitaine par droit de naissance.

— Allons ! monsieur, lui dit-il, vous êtes de bonne race, et j'espère que vous saurez porter votre nom.

— Maréchal, répondit le capitaine imberbe, je n'ai jamais eu peur !

— Vrai ? fit Turenne ; alors vous êtes plus brave que moi, car lorsque je mouche une chandelle, je tremble de l'éteindre.....

Or, Samuel Kloss passait, dans la bonne Université de Heidelberg, pour un garçon qui ne recule devant rien.

Il se battait franchement, traversait un cimetière en fumant sa pipe, niait Dieu et se promettait de tutoyer le diable si jamais il le rencontrait.

On avait fini par dire, à Heidelberg : « Brave comme Samuel. »

Et cependant, à la vue de cette forme blanche qui marchait vers lui, le vaurien eut peur.

Il s'était arrêté, ses jambes flageolaient sous lui, une sueur froide mouillait ses tempes.

— Mon bonhomme, se dit-il à lui-même, tu ferais bien, je crois, de retourner un peu en arrière...

Mais *vouloir* et *pouvoir* font deux pour l'homme, si quelquefois cela ne fait qu'un pour la femme.

Samuel se sentit cloué au sol.

Le fantôme avançait toujours.

Il était tout petit, — petit comme un nain, — et ses

formes hideuses, sa contexture difforme perçaient sous le suaire dont il était drapé.

Quand il fut à trois pas de Samuel, il s'arrêta.

Ce temps d'arrêt rendit à l'étudiant quelque courage. Sa langue paralysée se délia :

— Ohé! dit-il, charmant esprit de l'enfer, es-tu vraiment le nain blanc ?

Le fantôme fit un pas et inclina la tête de haut en bas.

Samuel était ivre ; l'ivresse donne du cœur :

— Est-il vrai, dit-il, que tu apparaisses les jours de trépas ?

— Oui, fit le nain d'un signe de tête.

— Alors mon père va mourir ?

Le nain demeura immobile.

— Peut-être même est-il mort ?

Le nain fit un signe de tête affirmatif.

Puis il marcha lentement, à reculons, jusqu'à une touffe de broussailles, derrière laquelle il disparut.

III

Samuel était demeuré immobile durant la retraite du nain ; mais lorsque cette forme blanche eut cessé d'être visible, la nature railleuse de l'étudiant reprit le dessus :

— Allons ! se dit-il, ce nain est fort gentil au fond. Mon père est mort, cela va singulièrement simplifier ma conduite.

Et comme il avait retrouvé l'usage de sa langue, il retrouva celui de ses jambes et se remit en route.

Le chemin était battu jusqu'au château, et portait de nombreuses empreintes de pas.

Le parc n'était séparé de la cour d'honneur que par une grille.

La grille était ouverte.

Samuel traversa la cour et s'arrêta un moment sur le perron.

Au bruit de ses pas un domestique accourut.

Il avait un flambeau à la main.

— Soyons hypocrite, se dit Samuel, cela fait bien... Les bourgeois sont fanatiques du sentiment.

Il mit son mouchoir sur ses yeux et feignit de pleurer :

— Comment va mon père ! demanda-t-il d'une voix lamentable.

Le domestique secoua la tête.

Samuel risqua un cri déchirant qu'il termina par un sanglot.

Et puis il monta lestement l'escalier et entra dans la chambre de son père.

Le sombre décor de la mort s'offrit à ses yeux.

Deux cierges brûlaient sur une table, auprès d'un vase rempli d'eau bénite dans lequel trempait une branche de buis en guise de goupillon.

On avait écarté les rideaux du lit, et Samuel vit une forme humaine qui se moulait sous un drap blanc.

Au pied du lit, un homme et une femme pleuraient agenouillés.

Samuel s'arrêta un moment sur le seuil.

La femme qui pleurait n'était autre que la blonde Héva, cette pupille sans dot que Samuel réservait à ses appétits illicites.

— Décidément, se dit l'étudiant, le curé qu'on est allé chercher aura autant de chance que moi ; il arrivera trop tard !

La blonde Héva, absorbée en sa douleur, ne bougea point et ne vit pas Samuel.

Mais l'homme se leva, et Samuel fit un pas en arrière.

Il venait de reconnaître ce vieillard d'humeur facile et

débonnaire, qu'il avait si fort molesté à la brasserie de *la Licorne* :

Le vieillard vint à lui d'un air doux et triste :

— Monsieur Samuel, dit-il, je suis médecin, et votre père, mon ami de trente années, se sentant près de sa fin, m'avait appelé auprès de lui. Je suis arrivé juste à temps pour recueillir son dernier souffle.

Samuel était pâle et regardait le docteur avec une sorte d'épouvante.

— Oh! reprit le bonhomme avec un naïf sourire, rassurez-vous, monsieur Samuel, je ne lui ai rien dit.

Samuel respira.

— Eh bien! dit-il, à la bonne heure! vous êtes un brave homme, digne fils d'Esculape, et votre visite sera généreusement payée.

Le docteur salua en homme qui n'est point indifférent à ce métal jaune, que feu M. Scribe appelait une chimère.

— C'est parce que j'ai compté sur votre générosité, dit-il, que j'ai pensé...

— Très bien! très bien!... ô médecin de mon cœur, si les convenances ne m'en empêchaient, je te prendrais dans mes bras...

Ces quelques mots avaient été échangés à voix basse. Cependant un bruit confus frappa l'oreille d'Héva.

Elle se retourna, vit Samuel et courut à lui.

Un sourire brillait à travers ses larmes, comme un rayon de soleil éclairant une giboulée du mois de mars.

Héva aimait Samuel, — elle l'aimait d'un chaste et noble amour que la parole enchanteresse du séducteur avait fait naître,

— Ah ! mon ami, mon frère ! lui dit-elle, vous arrivez trop tard...

Samuel, qui savait son rôle, la prit dans ses bras et lui mit un baiser sur le front.

— Cher père! murmura Héva, il est donc vrai que nous ne le verrons plus?

Héva était grande et svelte ; elle avait de luxuriants cheveux blonds, et les yeux bleus comme le ciel qui se reflète dans les mers orientales.

Elle était charmante en dépit de ses larmes, et Samuel aurait dû tomber à genoux et supplier Dieu de la lui accorder pour femme.

Mais Samuel était un homme fort : chevelure blonde, œil d'azur, pleurs de fillette... tout cela ne le touchait que médiocrement.

Cependant, il avait la parole dorée et le geste affectueux.

Sa voix était sympathique, et la jeune fille se sentit frissonner de joie lorsqu'il lui dit :

— Vous serez ma femme, Héva, et nous pleurerons ensemble ce bon père qui vient de nous quitter.

— Monsieur, lui dit le médecin, un moment spectateur muet de cette scène, monsieur Kloss, votre père, m'a remis son testament une heure avant sa mort, et il m'a recommandé d'assister seul avec vous à son ouverture.

— C'est bien, dit Samuel, je suis prêt à vous suivre, monsieur. Mais auparavant ne me sera-t-il point permis de le contempler une dernière fois?

Et il s'approcha du lit, écarta le linceul, et mit à découvert une tête blanche aux yeux fermés, — la tête d'un mort.

Sous prétexte d'embrasser le défunt, Samuel se pencha et colla son oreille sur le côté gauche.

Le cœur ne battait plus.

Il baisa la main qui pendait inerte sur la courtine.

La main était froide.

— Tout cela est parfait, dit-il ; je suis sérieusement millionnaire.

Et il pressa les deux mains de la blonde Héva, et suivit le médecin dans la pièce voisine.

Le testament de l'acteur Kloss était sur une table.

Samuel l'ouvrit et lut :

« Mon cher enfant,

» Je trace, quelques heures avant ma mort, ces lignes qui sont mon testament. Tu es mon fils unique. A Dieu ne plaise, que je songe à distraire un florin de ton héritage ! Je t'institue mon légataire universel... »

— Voilà qui est bien, murmura Samuel, interrompant sa lecture, et ce bonhomme de père avait, je le reconnais, des qualités solides.

Poursuivons :

« Cependant, mon ami, j'ai une pupille, une pauvre orpheline, la fille d'un camarade mort en France, il y a dix-sept ans, et qui m'a recommandé son enfant. Je te laisse une grande fortune : tu es riche, Héva est pauvre ; le plus cher, le dernier de mes vœux est que tu l'épouses. Cette espérance adoucit mes derniers instants.

» Héva est belle, elle a un cœur d'or, elle te rendra le plus heureux des hommes.

» Après ma mort, emmène-la en France, où elle a une tante, la sœur de sa mère, et, quand vous aurez porté mon deuil, mes enfants, unissez-vous... Je vous bénirai du fond de ma tombe.

» Avant de quitter la plume, mon cher fils, laisse-moi te pardonner tes folies de jeunesse. Comme toi, j'ai été étourdi, mauvais sujet. Mais le souvenir de mon père m'a bientôt ramené dans le droit chemin.

» Il y a plus, chaque fois que j'allais commettre une faute, il me semblait voir mon père devant moi, et cette hallucination salutaire m'empêchait de manquer à mes devoirs.

» Souviens-toi, mon ami, et fais le bien. La vie est courte pour les bons, trop longue pour les méchants... Adieu...

» KLOSS. »

Samuel haussa les épaules à la lecture de cette dernière phrase.

— Dans quel mélodrame a-t-il donc appris cela? se demanda-t-il.

— Monsieur Samuel, dit le médecin, sans se départir de sa bonhomie habituelle, vous le voyez, feu monsieur votre père désirait ardemment vous voir épouser sa pupille.

Samuel leva sur le vieillard un regard froid et hautain.

— Dites donc, fit-il, comment vous nommez-vous?

— Ulrich Haumann, monsieur.

— Vous êtes médecin?

— Oui.

— Où exercez-vous?

— A Mannheim.

— Combien faites-vous payer vos visites?

— Cela dépend...

— Mais encore...

— Pour les pauvres gens, un demi-florin ; pour les bourgeois, un florin entier...

— Et pour les gens riches?

— C'est à leur générosité, répondit humblement le vieillard.

La pièce où se trouvait Samuel était le cabinet de son père.

L'étudiant se leva, alla vers un meuble dont il connaissait la destination, l'ouvrit et y prit un sac d'argent.

Puis il le jeta au nez du médecin.

— Tenez, bonhomme, dit-il. Retournez à vos malades, et ne vous mêlez point de mes affaires.

Le médecin ramassa le sac et le mit dans sa poche :

— Dieu bénira votre générosité! dit-il humblement.

Et il sortit.

— Ouf! dit Samuel en ouvrant la fenêtre.

Il se pencha en dehors, exposa son visage à l'air glacé de la nuit et murmura :

— Voyons donc comment respire un millionnaire?

La fenêtre donnait sur le parc, et la lune baignait la vallée tout entière.

L'hôtellerie du *Chien-Dogue* était toujours éclairée, et la bise qui courbait la cime dépouillée des sapins apporta au jeune héritier un bruit lointain de rires et un lambeau de chanson à boire.

— Ces chers amis, dit-il, soupçonnent-ils au moins ma fortune?

Il ferma la croisée, vint se rasseoir devant la table sur laquelle était le testament tout ouvert, prit une plume et écrivit :

« Céleste fille aux yeux noirs, c'est-à-dire ma chère Déborah, — mon père a bouclé sa ceinture et pris son bâton de voyage, — comme dirait ce brave idiot de professeur Kranteisner, qui est le plus fort helléniste d'Heidelberg.

» Je compte depuis une heure un ancêtre de plus, et la distance qui me séparait de la blonde Héva s'est sensiblement amoindrie.

» Ne fronce pas tes sourcils olympiens, et laisse-moi ce couteau avec lequel tu voulais m'occire hier soir. Tu sais nos conventions, et tu m'as juré de me servir.

» Or, mon bel ange, mon père lui-même t'a trouvé un fort beau rôle. Héva, paraît-il, a une tante. La famille étant l'emblème de la multiplication, quand on a une tante, rien ne s'oppose à ce qu'on ait une cousine. Donc tu es la cousine d'Héva, c'est-à-dire la fille de sa tante. Or donc, mon avis est que, lorsqu'on se donne une famille, il ne faut pas lésiner.

» Rien ne s'oppose à ce que tu aies un frère, et, par conséquent, Héva un cousin.

» Frantz parle assez bien le français, Frantz sera ton frère.

» Goliath est une brute à qui on ne peut confier qu'un rôle secondaire.

» J'en fais, séance tenante, votre domestique.

» Quant à Fritz, c'est un ami à moi, que j'engage à venir ici convenablement vêtu de noir, et à verser quelques pleurs sur la tombe du défunt.

» Les rôles ainsi distribués, je vais me coucher.

Demain, vous recevrez de plus amples instructions.

» Surtout, ma petite Déborah, ne fais pas de bêtises, et pose-toi carrément en femme honnête. Une fois n'est pas coutume !...

» SAMUEL. »

Cette lettre écrite, l'étudiant la mit dans sa poche et repassa dans la chambre mortuaire.

Héva n'y était plus.

Seul, le médecin, un livre de prières à la main, était assis au chevet du défunt.

— Monsieur, lui dit-il en fermant son livre, mademoiselle Héva avait passé plusieurs nuits auprès de votre père ; elle s'est décidée, sur mes instances, à prendre un peu de repos. Vous avez fait une longue route ; vous devez être las ; allez tâcher de dormir.

— Cet Esculape a du bon ! pensa l'étudiant. Bonsoir, docteur...

— Bonsoir, monsieur Samuel.

Le jeune homme prit un flambeau et gagna la chambre qu'il occupait d'ordinaire quand il venait à Kurbsteinbourg.

Mais au lieu de se coucher, il s'assit et prit sa tête dans ses mains :

— Oui, se dit-il, mon plan est bon, il est parfait même, et tu es, ô Samuel! un garçon plein de ressources. Héva part sans défiance avec son cousin, sa cousine et moi, qui suis son fiancé.

Fritz galope en avant ; il arrive à la brasserie de la Licorne. Avec trente florins, on met le brasseur et son monde à la porte.

On donne à Héva la plus belle chambre..... Déborah..... sa cousine.....

— Mais au diable les gens distraits! s'interrompit Samuel, voici que je parle de Déborah, et j'oublie de lui envoyer cette lettre...

L'étudiant s'approcha de la cheminée et secoua le gland d'une sonnette.

Presque aussitôt, la porte s'ouvrit, et un domestique en livrée entra, sa casquette à la main.

Mais soudain Samuel jeta un cri terrible et recula livide, frissonnant, éperdu...

Ce domestique ressemblait si parfaitement à son père, à son père qu'il avait vu mort, dont le cœur ne battait plus, dont la main était glacée, qu'on eût juré que c'était lui!....

Et Samuel tomba sur le parquet, privé de sentiment...

IV

Les merles commençaient à siffler dans les sapins chargés de givre ; un rayon de lumière blanche glissait à la cime des montagnes, et, depuis longtemps, la lune s'était cachée derrière l'horizon.

Si la vallée était dans l'ombre encore, le vieux burg se colorait déjà de cette belle teinte orangée que le bon archevêque de Cambrai appelait les *doigts de rose de l'Aurore*.

Tout semblait dormir, cependant, sous ces toits en poivrière, dans ces murs noircis, derrière ces donjons antiques. Une clarté rougeâtre brillait au premier étage, — la clarté des cierges mortuaires.

Une croisée s'ouvrit au second, juste au-dessus de celle du défunt, et encadra une tête pâle et enfiévrée.

Samuel, longtemps évanoui, était revenu à lui et, d'un

pas chancelant, il s'était dirigé vers la fenêtre qu'il avait ouverte.

Le vent du matin souleva ses longs cheveux et fouetta son visage.

— Voyons, se dit-il, suis-je fou ? Ai-je rêvé ? ou bien ai-je réellement vu mon père ?

Il avait la gorge crispée, ses tempes battaient, son cœur avait d'irrégulières pulsations...

Un moment, il crut que la mort de son père, l'ouverture du testament, les pleurs d'Héva, l'apparition du défunt habillé en domestique, constituaient dans leur ensemble un long et pénible rêve.

Mais, rassemblant un à un tous ses souvenirs, il fut bien obligé de croire à la réalité.

Samuel était froid comme une courtisane et positif comme une addition.

Après une minute de réflexion, il se posa carrément cette alternative :

— Ou j'ai été le jouet d'une hallucination, ou je suis la victime d'une comédie.

Dans le premier cas, le testament de mon père est la cause première de mon aventure ; — dans le second, mon père n'est pas mort et se moque de moi.

Après ce raisonnement plein de sens et de logique, Samuel passa la main dans ses cheveux ébouriffés et les arrangea devant une glace, puis il rajusta ses vêtements, remit son chapeau et sortit de sa chambre.

— Si mon père n'est pas mort, se dit-il, je saurai lui jouer un tour de ma façon.

Et il descendit au premier étage et pénétra dans la salle

mortuaire. Le défunt était toujours sur le lit; deux prêtres récitaient les vêpres des morts; le médecin était assis dans son fauteuil.

Héva, qui s'était relevée, pleurait à chaudes larmes.

— Pauvre père! murmura Samuel.

Et, de nouveau, il souleva le linceul et mit à découvert la face du mort. Le visage était froid, les yeux étaient fermés.

— Il est bien réellement mort, se dit l'étudiant, qui respira.

Un domestique entra :

— Monsieur, dit-il à Samuel, j'ai porté votre lettre hier soir.

Samuel le regarda :

— Quelle lettre? dit-il.

— Celle que monsieur m'a remise pour l'hôtellerie du *Chien-Dogue*, à Kurbstein.

Samuel regardait avidement cet homme :

— Est-ce que c'est à toi que j'ai remis cette lettre?

— Oui, monsieur.

— C'est bizarre! je ne te reconnais pas.

— Ah! fit le domestique d'un air niais, c'est que je ne suis ici que depuis huit jours.... et puis monsieur était si triste, si agité...

— C'est bien. Va-t'en!

Et Samuel se répéta :

— J'ai été victime d'une hallucination.

Il alla prendre Héva par la main et lui dit :

— Chère petite sœur, est-ce que vous ne voudriez pas venir avec moi dans le parc?

— Comme vous voudrez, monsieur Samuel, répondit-elle.

Elle le suivit.

Le premier rayon de soleil arrachait des milliers d'étincelles au givre qui chargeait les arbres ; l'air froid du matin s'était adouci ; la neige fondait...

— Ma chère Héva, dit Samuel, mon père a songé à vous dans son testament.

Elle leva sur lui son grand œil bleu.

— Ah! dit-elle, que m'importe! C'est lui que je pleure....

Samuel lui prit la main :

— Vous êtes née en France, n'est-ce pas?

— Oui:

— Vous y avez des parents?..

— J'ai une tante.

— Votre tante a un fils et une fille.

— Vraiment? fit-elle étonnée.

— Et, dans sa tendre sollicitude pour vous, mon père a songé à tout. Votre cousine et son frère sont arrivés hier soir à Kurbstein. Ils viennent vous chercher....

— Mon Dieu! murmura l'orpheline avec angoisse, faudra-t-il donc que je quitte cette chère demeure où j'ai passé mon enfance, où j'ai été si heureuse!...

— Vous y reviendrez, ma chère Héva.

Il jeta son manteau sur un banc de pierre et la fit asseoir dessus.

— Écoutez-moi bien, dit-il.

Le testament de mon père m'ordonne de vous accompagner en France et.... là...

Samuel s'arrêta et parut en proie à une émotion vraie et profonde ; puis, levant sur elle son œil tentateur :

— M'aimeriez-vous un peu, dit-il, si je... vous aimais.... éperdûment?

Héva cacha sa tête dans ses mains et son cœur battit à outrance.

Samuel fléchit un genou.

— Si... arrivés en France, poursuivit-il, je vous disais : Héva... je vous aime... et puisque mon père vous aimait comme sa fille... voulez-vous être ma femme ?

La jeune fille jeta un cri et s'enfuit, laissant Samuel stupéfait et ravi.

L'amour chantait dans le cœur d'Héva ; — la blonde fille aimait Samuel et croyait en lui.

L'étudiant jugea qu'il était convenable de ne point suivre sa victime.

— Ce soir même, se dit-il, Déborah aura gagné son collier de perles.

Comme il savourait par avance son prochain triomphe, il entendit un bruit de pas et de voix.

— Tiens ! voilà, se dit-il, la famille improvisée d'Héva.

En effet, Déborah, vêtue de noir des pieds à la tête, les yeux baissés, donnait le bras à Frantz, qui s'était fait une tournure toute française.

Derrière eux, Goliath l'ivrogne, habillé en domestique, causait avec le jeune Fritz, qui fumait tranquillement sa pipe de porcelaine.

Samuel fit quelques pas à leur rencontre.

— Bravo ! vive Samuel ! s'écrièrent les trois étudiants.

— Samuel, mon *oiseau bleu*, dit la juive, ce n'est plus seulement un collier de perles qu'il me faut...

— Tu auras tout ce que tu voudras, ma fille.

— Vrai ?

— Foi d'orphelin ! ricana Samuel.

Et il porta la main à ses yeux d'une façon comique.

Puis, se plantant devant eux :

— Ah çà, dit-il, n'allez pas si vite, mes enfants ; il faut que je vous explique l'emploi de chacun.

— Nous avons déjà les costumes, observa Déborah.

— Oui, mais il faut savoir le rôle, répondit Samuel, qui prit l'attitude sévère et digne d'un régisseur de banlieue.

V

Ceci se passait dans la chambre occupée à Kurbstein-bourg, par ce brave homme de médecin qui avait un si bon caractère, — une heure après l'arrivée des prétendus cousins d'Héva.

Le médecin était debout, — Samuel allongé sur un canapé, devant le feu.

Ils étaient seuls.

— Voyez-vous, docteur, disait Samuel, je suis léger en apparence, mais, néanmoins, je suis un garçon fort convenable, à cheval sur les devoirs d'un héritier, scrupuleux observateur de l'étiquette, et je désire m'entendre avec vous pour régler les funérailles de mon père. A propos, voulez-vous un cigare?

— Volontiers, répondit le médecin.

— Esculape ! s'écria Samuel, vous êtes la crème des docteurs et vous n'avez pas votre pareil pour la complaisance.

Il prit sur un meuble une caisse de panatellas et la présenta au docteur.

— Voyez-vous, poursuivit-il, un homme aussi considérable que feu mon père ne peut-être enterré comme un bourgmestre ou un professeur de langue française.

Le médecin fit un signe de tête affirmatif.

— J'aimerais assez le faire inhumer dans la chapelle du château, à côté des vieux margraves de Kurbstein. Mon père était un homme de bonne compagnie, chevalier de 'Aigle rouge de Prusse et commandeur de tous les ordres possibles.

Le médecin salua.

— Mon père, continua Samuel, adorait le drame historique. Jamais il n'était plus heureux que lorsqu'on lui donnait, au théâtre, un costume étincelant de pierreries. On pourrait l'habiller en pape ou en grand seigneur.

Le costume de César Borgia est fort bien ; il le portait à ravir..... Ensuite on ferait revêtir aux gens du château des costumes moyen âge, mi-partie.

— Mais, monsieur, dit le médecin, ces costumes, où les prendrez-vous ?

— Oh! rassurez-vous, docteur naïf, on a joué la comédie ici. Il y a toute une défroque de théâtre.

Le bonhomme inclina la tête en signe d'adhésion.

— Surtout, reprit Samuel, il ne faut pas regarder aux cierges. Beaucoup de cierges, docteur, beaucoup ! La lumière n'est jamais trop abondante pour s'en aller dans l'autre monde, où, peut-être, il n'y a ni soleil, ni lune, ni becs de gaz.

— Monsieur, interrompit le médecin, ne craignez-vous point que toutes ces plaisanteries ne vous portent malheur?

— Je vous croyais plus fort, docteur; mais passons.... Ainsi, c'est convenu, je vous nomme mon ordonnateur des pompes funèbres.

— Oui, monsieur.

— Et je vous attache à ma personne.

Le docteur ouvrit de grands yeux.

— Eh! morbleu! dit Samuel, on n'est pas millionnaire pour rien. Je veux avoir un médecin à moi, docteur, rien qu'à moi. Si vous avez le malheur de saigner quelqu'un, je vous chasse!

— Cela vous coûtera cher, monsieur.

— Que gagnez-vous par an?

— Cinq mille florins.

— Vous en aurez dix mille.

Le médecin salua d'enthousiasme.

— Mais, entendons-nous, docteur, ma vie durant seulement, et je ne vous laisserai pas un kreutzer dans mon testament. Par conséquent, vous aurez quelque intérêt à ce que je vive vieux, hein?

— Je ferai mon possible.

— Mais, je vous en préviens, vous aurez de la besogne : j'aime le vin, j'aime les truffes, les belles filles et les bons cigares. Est-ce que tout cela n'abrége pas un peu la vie?

— Peuh! fit le docteur, avec des ménagements....

— Pourra-t-on passer les nuits?

— A la condition de dormir le jour.

4

— Cela me va. Et... le kirsch...

— Vous en boirez modérément.

— Et... les femmes ?

— Vous ne les aimerez pas. Ce n'est pas le plaisir qui use, c'est l'amour....

— Bonté du diable! s'écria Samuel, vous êtes un vrai philosophe, docteur, et moi qui vous prenais pour un imbécile !

Ces derniers mots de Samuel produisirent ce qu'on nomme au théâtre, un *effet*.

Le médecin se transfigura tout à coup. Son œil terne eut un éclair, sa lèvre pendante un sourire, et son rictus s'épanouit en une expression sardonique.

Il n'y eut pas jusqu'à sa voix qui, tout à coup, devint railleuse et mordante :

— Mon petit chérubin de millionnaire, dit-il, je tâte toujours mon monde.

— Ah ! dit Samuel, qui fronça le sourcil, vous m'avez... tâté ?

— Oui, certes, et je vous trouve complet. Vous êtes l'homme que je cherchais depuis longtemps.

Samuel tressaillit et regarda son interlocuteur avec inquiétude.

— Laissez-moi vous mettre au courant de la situation. Depuis trente ans, j'exerce la médecine, et j'ai un grand mépris de l'humanité...

— Cela doit être.

— Depuis trente ans, je cherche un homme complétement dépourvu de cœur, un homme comme moi...

— Ah ! ah !

— Et je viens de le trouver.

— Ne me flattez-vous pas un peu, docteur ?

— Mais, non...

— Ainsi... je suis... complet ?

— C'est-à-dire que je ne pourrais plus me séparer de vous.

— Vrai ?

— Dussiez-vous ne point me payer...

— Docteur, dit gravement Samuel, il ne tient qu'à vous de puiser dans ma bourse à pleines mains.

— Que faudra-t-il faire ?

— Etudier mes goûts, servir mes caprices. Je veux m'amuser, docteur, m'amuser beaucoup ! Il faut avoir de l'imagination....

— J'en aurai.

— Vous me chercherez des primeurs, vous m'inventerez des jouissances....

— Je ferai de mon mieux, monsieur.

— Hé ! fit Samuel, à propos, me pourriez-vous composer un narcotique ?

— Certainement.

— Cette pauvre Héva, dit Samuel, elle doit avoir bien besoin de repos.

Le docteur se mit à rire, et Samuel l'accompagna.

VI

L'ombre du soir enveloppait le vallon.

Seules, les vieilles tourelles de Kurbsteinbourg étaient encore éclairées par les derniers rayons du couchant.

Les funérailles du célèbre acteur Kloss avaient eu lieu à deux heures de relevée, avec une grande pompe et suivant le cérémonial indiqué par Samuel.

L'héritier avait vu son père mort habillé en troubadour, il l'avait fait mettre lui-même dans un beau cercueil de chêne, et il n'avait tourné les talons que lorsqu'on avait frappé le dernier coup de marteau et rivé le dernier clou.

Avant de quitter Kurbsteinbourg, Samuel avait distribué quelques poignées d'or aux domestiques.

Maintenant il descendait à pied, au travers du parc, donnant le bras à Héva,

La jeune fille fondait en larmes.

— Chère Héva, murmurait le séducteur, je n'ai pas voulu vous laisser plus longtemps dans cette demeure aujourd'hui désolée pour nous.

A ceux qui souffrent, il faut la fièvre du voyage.

Nous allons en France, chère Héva; car, en attendant l'heure où je pourrai, notre deuil fini, devenir votre époux, vous avez besoin d'un chaperon. Madame votre tante vous attend...

Héva prêtait l'oreille à la voix de Samuel et la trouvait enchanteresse.

Déborah et Frantz avaient joué leur rôle de cousins avec un calme et un naturel qui ne laissaient rien à désirer.

Ils s'en allaient à petits pas, la larme à l'œil, marchant devant Samuel. Le bon docteur suivait à distance, fumant un cigare et se frottant les mains.

Fritz était parti à cheval, deux heures auparavant, une bourse pleine d'or dans les fontes de sa selle.

La chaise de poste qui, la veille, avait amené Samuel et ses compagnons, attendait au bas de la montée.

Le postillon était en selle, Goliath, toujours habillé en domestique, se prélassait sur le siége.

Un domestique du château tenait deux chevaux en main.

L'un était pour le docteur, l'autre pour Samuel.

Frantz, Déborah et la blonde Héva montèrent dans la berline.

— Docteur, dit Samuel en mettant le pied à l'étrier, j'ai voulu faire la route à cheval, à la seule fin de causer avec vous.

— Votre Seigneurie est trop bonne.

4.

— Bravo! docteur. *Seigneurie* me plaît. Vous avez le respect du million.

— Surtout quand il est entre bonnes mains, ricana le docteur.

— Si nous allons en Italie, vous m'appellerez *Excellence*.

— Bien volontiers.

— Et... en France?

— Bah! fit le docteur, on ne saurait jamais prendre trop de galons. Je vous ferai baron, à Paris. De qui voulez-vous descendre? D'un comte palatin ou d'un roi de Pologne?

— Cela m'est égal.

— On verra. Je vous trouverai peut-être une généalogie toute faite. On fait un si joli commerce de parchemins depuis quelque temps.

Le postillon fit claquer son fouet, la berline s'ébranla.

Pendant dix minutes, le docteur à gauche, Samuel à droite, galopèrent aux portières.

Mais, au bout de ce temps, ils se laissèrent distancer par la chaise de poste, se rejoignirent, rangèrent leurs chevaux côte à côte et se remirent à causer.

— Voyez-vous, monsieur Samuel, dit le médecin, vous avez eu tort de mettre tout ce monde-là dans la confidence.

— Vous croyez?

— Goliath est une brute, Frantz un garçon vulgaire.

— Que pensez-vous de Déborah?

— C'est une belle fille, qui vous aime avec furie, et qui, en ce moment, se tient à quatre pour ne point étrangler Héva.

— Diable! docteur...

— C'est ennuyeux, les femmes jalouses, et si, décidément,

vous me faites l'honneur de m'attacher à votre personne...

— Comment donc! mais c'est chose faite, mon bon docteur!

— Alors, je veillerai à ce que vous n'ayez pas d'ennuis. Tenez-vous à Déborah?

— Je ne tiens à rien.

— Bravo! Demain vous quitterez Déborah, après lui avoir donné son collier et une centaine de louis.

— Et où irons-nous?

— En France, pardieu! Si vous voulez vous amuser, c'est à Paris qu'il faut aller.

— Emmènerons-nous Héva?

— Peuh! fit le docteur, qui sait si demain votre caprice existera encore?

— Vous êtes le diable en personne, docteur!

Et Samuel eut un rire méphistophélique.

La nuit était venue, la berline roulait au grand trot, les deux cavaliers galopaient.

— Dans deux heures, disait Samuel avec une sombre joie, nous serons à Heidelberg...

— Oh! oh! fit le docteur, voilà un homme qui est encore plus pressé que nous d'arriver... écoutez!

Samuel prêta l'oreille, et il entendit le galop précipité d'un cheval derrière lui.

Cheval et cavalier formaient une silhouette noire sur la route blanche de neige et ils semblaient précédés par un petit point rougeâtre et lumineux.

Le cavalier fumait.

— Pardieu! dit Samuel, si pressé qu'il soit, à moins qu'il ne soit mal élevé, il s'arrêtera.

Et comme le cavalier arrivait près de lui et allait le dépasser, Samuel lui cria :

— Hé ! monsieur, seriez-vous assez aimable pour me donner un peu de feu.

Ce disant, il prit un cigare dans son étui et le mit à ses lèvres.

Le cavalier s'arrêta et rangea son cheval à côté de celui de Samuel.

La nuit était noire, assez pour que le visage du cavalier demeurât dans l'ombre, pas assez pour que Samuel ne pût reconnaître les bottes fortes, l'habit vert jaune et le chapeau ciré d'un courrier du grand-duc de Bade, allant sans doute d'Ebberstein à Carlsruhe.

Le cavalier se pencha silencieusement, avançant la tête et le cigare.

Samuel se pencha également et appuya son cigare sur le cigare du courrier...

Mais, à la première aspiration, un reflet rougeâtre éclaira le visage du courrier, et Samuel jeta un cri et fit un tel soubresaut sur sa selle, que son étrivière cassa, et que, perdant l'équilibre, il tomba de cheval.

Le courrier joua de l'éperon et repartit au galop.

Il était loin déjà lorsque Samuel se releva pâle et frémissant.

— Mais qu'avez-vous donc? lui dit le docteur, que vous est-il donc arrivé?

— C'est mon père ! murmura Samuel d'une voix étranglée...

Et il désignait, de la main, le courrier qui disparaissait dans les ténèbres.

— Vous êtes fou ! répondit le docteur.

— Je vous dis que c'est mon père !... s'écria Samuel, qui tremblait de tous ses membres.

— Et moi, fit le docteur, je vous répète que vous êtes fou !.. Votre père est mort, et il dort son éternel sommeil dans la chapelle mortuaire de Kurbstein...

VII

Cependant, le jeune Fritz allait atteindre les portes de Heidelberg.

Fritz avait dix-neuf ans ; il était blond, légèrement poëte et fort mauvais écuyer.

On lui avait donné, à Kurbsteinbourg, un joli petit cheval gris qu'on appelait *Vif-Argent*, et qui n'avait pas son pareil dans tout le grand-duché pour désarçonner son cavalier.

Au départ, il avait baissé la tête et lancé deux ou trois ruades.

Fritz s'était promené de la tête à la queue et n'avait dû son salut qu'à sa présence d'esprit de saisir la crinière à deux mains.

Vif-Argent connaissait fort bien la route de Heidelberg et il avait continué sa course, emportant Fritz cramponné à son cou.

Pendant une heure, Fritz avait recommandé son âme à tous les saints qui ont patronné l'équitation, depuis saint Martin jusqu'à saint Hubert.

Alors *Vif-Argent* avait eu pitié de lui, il avait cessé ses cabrioles, ralenti son galop et pris une allure inoffensive, dédaignant de lutter avec un si médiocre adversaire.

Comme la vanité est le plus solide apanage de la jeunesse, Fritz s'etait bientôt rassuré, et il avait fini par croire que le cheval était dompté.

Dix minutes plus tard, Fritz s'était avoué tout bas qu'il était un cavalier accompli ; au bout d'un quart d'heure, il avait allumé sa pipe.

Fritz était tout fier de la mission de confiance qui lui était donnée.

Devenir le messager de Samuel, du grand Samuel, celui qu'on craignait et qu'on admirait ; à l'Université, c'était le rêve de tout étudiant imberbe, et ce rêve se réalisait pour Fritz.

Aussi, lorsqu'il s'arrêta à la porte de la *Licorne*, eut-il une façon conquérante d'appeler le brasseur, qu'il traita de *drôle*, ni plus ni moins que dans les drames *moyen âge*.

Le brasseur était un fin compère, qui tenait plus à un thaler qu'à un compliment.

Il accourut, sa casquette de peau de renard à la main, et prit respectueusement la bride de Fritz, qui lui dit avec hauteur :

— As-tu beaucoup de monde chez toi ?

— Une douzaine d'étudiants.

— Mets-les dehors.

— Hein? fit le brasseur.

— Dis-leur que, s'ils veulent s'en aller, tu leur fais grâce de la dépense.

— Qui donc la payera?

— Moi.

— Singulier caprice! murmura le tavernier allemand.

Fritz prit la sacoche pleine d'or et la fit danser dans sa main.

— Connais-tu ce bruit?

— Oui, monsieur...

— Alors, dépêche!...

Le brasseur rentra dans la taverne, et Fritz, demeuré à la porte, l'entendit qui disait :

— Messieurs, les gens de police m'ordonnent de fermer. Si vous voulez partir, vous me sauverez d'un grand embarras. C'est moi qui régale...

Embusqué derrière le mur de la cour, et tenant son cheval par la main, Fritz vit les étudiants sortir un à un.

Quand le dernier fut sorti, il attacha son cheval et entra dans la brasserie. La femme et les deux servantes du brasseur se chauffaient au coin du feu.

Fritz jeta deux frédérics sur la table et dit :

— Voilà pour la dépense des étudiants.

— Mais, monsieur Fritz, dit le brasseur, que voulez-vous donc faire tout seul ici?

Fritz jeta en l'air son sac de pièces d'or, qui retomba sur la table avec un bruit qui charma l'oreille du brasseur et des trois femmes.

— Je vous achète, dit-il ; c'est-à-dire que je vous fais mes esclaves pour une nuit. Si un voyageur vient frapper, vous direz que l'auberge est pleine. Allez! c'est Samuel qui paye.

Le nom de Samuel expliqua tout. Les excentricités du plus mauvais sujet de l'Université, comme il s'intitulait lui-même, n'étonnaient plus personne, et le brasseur s'inclina.

Fritz ordonna qu'on fît disparaître les pots et les verres vides, et, en moins d'une heure, la brasserie eut l'honnête apparence d'une auberge de voyageurs.

Fritz s'installa au coin du feu et attendit.

La soirée s'avançait. La nuit était froide et sombre.

Deux ou trois étudiants qui vinrent frapper ne furent point reçus.

Bientôt on entendit un bruit lointain de grelots.

Fritz ouvrit la porte et prêta l'oreille.

— Ce sont eux ! dit-il.

Et, se tournant vers le brasseur et sa femme :

— Ah çà, dit-il, si vous voulez gagner votre argent, tâchez de ne pas nous démentir. Vous allez voir arriver avec Samuel une jeune fille, Déborah et Frantz. Déborah est la sœur de Frantz, vous ne la connaissez pas, vous ne les avez jamais vus, ni l'un ni l'autre. Vous donnerez une chambre commune aux deux femmes.

— C'est bien, dit le brasseur en clignant de l'œil, je crois comprendre... Monsieur Samuel ramène cette blonde Héva dont il parlait hier soir.

— Et il est millionnaire.

L'hôtelier salua en homme qui sait la valeur d'une semblable épithète.

La chaise de poste approchait...

Voyez-vous la salle d'auberge, — la salle enfumée, sur les murs de laquelle le feu projette de vives lueurs ?

Ils sont là autour du foyer, Samuel et ses complices : — le fils impie et le médecin railleur, la grisette effrontée qui n'a pas craint de jouer le rôle d'une femme honnête, — et Frantz l'endurci, — et Goliath la brute, — et Fritz, l'étudiant novice, tout fier d'être mêlé à cette abominable intrigue...

Et, parmi eux, le front calme, l'œil candide, Héva, la jeune vierge, l'ange immaculé, — l'agneau parmi les loups. Et l'hôtelier vénal s'est prêté à cette infâme et lugubre comédie.

Il a préparé une chambre pour Héva et sa *cousine*, une chambre pour Frantz et pour Samuel.

Quant à Goliath, l'écurie et un peu de litière fraîche, c'est tout ce qu'il faut pour lui.

Et Fritz, qui est demeuré dans sa peau d'étudiant, regagnera son logis, — et le médecin a dit à l'oreille de Samuel en lui glissant une petite fiole dans la main :

— Je vais à l'hôtel du *prince Karl*. Vous n'avez plus besoin de moi, n'est-ce pas ?

— Non, dit Samuel avec un sourire à faire dresser les cheveux.

Cependant l'hôtesse prépare le vin chaud traditionnel :

— Ma petite Héva, dit Samuel, vous avez fait une longue route par le froid, et ce vin va vous réchauffer l'estomac et le cœur.

Héva sourit à celui qu'elle aime, prend le verre qu'il lui tend et y trempe ses lèvres, — ignorant, la pauvre fille, que la perfide Déborah a versé dans ce verre trois gouttes du narcotique préparé par le docteur.

Fritz et le docteur sont partis ; — on a renvoyé Goliath. Alors Samuel dit :

— Nous sommes à présent en famille.

Et Frantz et Déborah échangent un sourire, — et la blonde Héva jette un tendre regard à celui dont elle doit être la femme.

Samuel n'est-il pas loyal ? Samuel manquerait-il à sa promesse ?

Non, Samuel est un bon et vertueux jeune homme, qui fera le bonheur d'Héva, comme il a fait la joie des derniers jours de son père.

Samuel se livre à l'éloge du défunt, et, entre deux verres de vin chaud, il essuie parfois une larme.

— Cher Samuel ! se dit Héva, comme il aimait *notre* père.

Et l'œil bleu de la vierge a de tendres effluves pour son fiancé. Mais voici que la fille adoptive du vieux Kloss est prise d'un engourdissement subit.

Est-ce le froid de la route ? Est-ce l'atmosphère lourde de la salle d'auberge ?

Elle renverse doucement sa tête en arrière, ses yeux se ferment et ses mains blanches et mignonnes pendent, inertes, au long de son corps.

— Le narcotique est bon ! ricane Samuel. Et il se dresse alors, change de ton et de visage et s'écrie :

— Çà, vous autres, l'hôtelier et sa femme et vos servantes, allez-vous me laisser la place libre ?

Et l'hôtelier s'incline, l'hôtesse sourit, les servantes appellent Samuel *monseigneur*.

Tous les quatre saluent jusqu'à terre et sortent de l'auberge, où, désormais, les loups sont chez eux.

Alors Samuel dit à Frantz :

— Déborah est une charmante fille et sa conduite est digne d'éloges ; mais elle a bu trois verres de vin chaud et un carafon de kirsch, et tu sais que son ivresse est mauvaise... Elle pourrait devenir jalouse... emmène-la.

— Tu plaisantes! murmure Déborah, dont la langue s'épaissit. Je t'aime, Samuel, je t'aime!.. aussi vrai que je suis la cousine d'Héva...

— Mais emmène-la donc ! dit Samuel.

Et Frantz prend dans ses bras Déborah, qui essaye de résister, et il l'entraîne hors de l'auberge.

Samuel referme la porte et pousse les verroux...

Héva dort cependant.

Elle dort, et ses lèvres entr'ouvertes ont encore l'empreinte d'un sourire, son sein se soulève, et quelque mystérieuse et douce émotion qu'elle éprouve en rêve fait battre son cœur...

Mais comme Samuel s'approche d'elle, comme il ose prendre sa main et y poser sa lèvre infâme, un grand bruit se fait au dehors...

C'est un lourd chariot attelé de quatre chevaux, portant toute une famille d'émigrants qui s'en vont en Amérique.

Le postillon fait claquer son fouet, les chevaux secouent leurs grelots. Le chariot s'est arrêté devant la brasserie, et le postillon frappe à la porte, du manche de son fouet.

Comme un voleur que le bruit épouvante, Samuel a laissé retomber la main d'Héva toujours endormie, et il a fait un pas en arrière.

— Mais ouvrez donc! crie la voix du conducteur du chariot ; nous voulons boire et manger.

Et comme Samuel se tait, le conducteur ébranle la porte. Samuel se décide à ouvrir.

— Passez votre chemin, dit-il, l'auberge est pleine. Les voyageurs sont couchés...

Mais le conducteur le prend à la gorge et le pousse rudement au milieu de la salle, disant d'une voix avinée :

— Nous voulons boire!

Et Samuel pousse un cri, ses jambes fléchissent, et il tombe à demi étranglé par la main calleuse du roulier.

Le roulier ressemble à son père, comme le valet de Kurbstein, comme le courrier du grand-duc.

. . . .

VIII

Le jour est venu.

Samuel s'éveille.

Un homme est auprès de lui, — le docteur.

— Mon jeune ami, dit gravement le disciple d'Esculape, vous avez une singulière maladie...

— Héva? où est Héva? demanda Samuel avec angoisse.

— Qu'en avez-vous fait? répond le docteur.

Alors Samuel raconte l'événement de la nuit.

Le docteur écoute en hochant la tête.

— Oui, reprend-il, vous avez une singulière maladie. Vous croyez revoir votre père, qui est mort et bien enterré; — vous croyez le revoir partout. Ceci est dû à un excès de sensibilité dont je ne vous fais pas mon compliment, car je vous croyais totalement dépourvu de cœur.

— Mais, docteur, je vous jure...

— Ne jurez pas..., mais écoutez-moi ! Héva est partie ce matin, au petit jour. Que s'est-il passé entre vous ? je l'ignore... Mais elle m'a formellement déclaré qu'elle ne vous reverrait jamais.

— Docteur, vous vous moquez de moi !

— Pas du tout.

— Où est Héva ?

— Elle est partie.

— Avec qui ? comment ?

— Avec des rouliers qui ont passé la nuit à l'auberge. C'est vous qui leur avez ouvert.

Samuel hausse les épaules.

— Docteur, vous me trompez...

— Moi ? pas du tout. Mais je puis vous dire où nous retrouverons Héva.

— Parlez, docteur, parlez.

— En France.

— Eh bien ! s'écrie Samuel, allons en France. Mais Déborah ?... mais Frantz ?... où sont-ils ?

Le docteur, à son tour, hausse les épaules.

— Je vous croyais plus fort, dit-il.

— Pourquoi ?

— Mais parce que vous ne vous doutez pas de ce qu'est la France, c'est-à-dire Paris, car il n'y a de vraie France que Paris, de même qu'il n'y a de sérieux dans le corps humain que le cœur ; c'est là qu'est la vie.

— Héva est donc à Paris ?

— Sur la route du moins.

— Eh bien ! allons à Paris.

Le docteur se prend à sourire.

— Voyez-vous, dit-il, que vous aimez Héva.

— Moi? jamais.

— Alors, venez à Paris; c'est le pays des belles filles, des bons cigares, des vins généreux, des plaisirs faciles, des douleurs aimables. Paris! O Babylone! tu ne fus jamais auprès de Paris qu'une plaisanterie de mauvais goût, inventée par un savant râpé, ennuyeux et crotté, qui croyait avoir appris les langues *sémitiques*.

Samuel se met à rire.

— O docteur sans pareil! dit-il, tu es l'homme que j'ai rêvé pendant ma jeunesse aventureuse et folle. Viens donc, tu as le rire provoquant et la lèvre charnue. Tu ressembles à un satyre, et je te crée, en doublant ton traitement, le grand-maître, l'ordonnateur suprême de mes plaisirs.

Le docteur courbe humblement l'échine. Il sait plier, ce docteur, quand on lui parle la langue harmonieuse de l'intérêt.

— Monseigneur, dit-il, je vais m'efforcer de mériter votre confiance.

— Ainsi, dit Samuel, que le souvenir enchaîne encore au passé, nous n'emmènerons point Déborah?

— Pourquoi faire?

— Ni Frantz...

— Un imbécile!

— Ni Goliath?

— Une brute.

— En route! s'écrie Samuel.

— J'avais tout prévu, dit le docteur; écoutez, Monseigneur!

Samuel entend un bruit de grelots. La chaise de poste attelée est à la porte. Sur le siége s'étalent deux laquais en grande livrée.

Les panneaux de la chaise sont chargés d'un tortil de baron.

— Voici vos armes, dit le docteur :

D'azur au cœur en abîme! je vous ai fait baron. A Paris, ça fait toujours bien.

Samuel monte en voiture et dit en riant à son bon ami le docteur :

— Le père Kloss a bien fait de mourir. Jamais il n'aurait eu l'idée d'aller croquer ses millions à Paris.

DEUXIÈME PARTIE

I

La brume jaune de novembre descend sur Paris, les boulevards s'éclairent et les vendeuses d'amour glissent sur l'asphalte, silencieuses et tristes.

Dans une heure, il faudra dîner. Ne vous hâtez pas, ô estaurateurs, d'allumer vos fourneaux, le mortel généreux et magnifique, de par la liquidation dernière, n'est pas ncore là pour tirer de peine la pauvre fille à qui l'occasion eule a manqué pour être une bonne et honnête femme.

De ces hauteurs historiques qu'on nomme la butte Montartre descend, pressée et famélique, la noble légion des oëtes.

Cheveux au vent et barbe inculte, nez rougi par l'absin ıe et lèvres noircies par la pipe, ils marchent en disant des ers.

Des vers où l'on chante les marguerites, le parfum des lilas et la mousse verte des bois, les yeux bleus d'une vierge et les charmes d'un repas champêtre.

Les vendeuses d'amour cherchent un homme heureux à la Bourse ; les poëtes, amis de la nature, vont à la brasserie manger du jambon aux épinards.

Les premières débitent une marchandise qu'elles ne connaîtront peut-être jamais, l'amour ; — les seconds chantent la nature, qu'ils n'ont connue que dans les livres.

Et encore, ceux qui ont fait ces livres, la connaissaient-ils?

Pourtant, à la porte d'un café du boulevard des Italiens, un homme et une femme se voyant pour la première fois, ne s'étant jamais parlé, placés à une distance de trois tables rondes l'un de l'autre, se sont regardés.

L'homme a rougi, — la femme a baissé les yeux.

Pauvre créature ! elle était venue là, naïve en son effronterie, s'asseoir, Diogène femelle, pour allumer sa lanterne ; sa robe traînait, sa coiffure rappelait celle de madame Person dans les *Mousquetaires;* elle avait allongé ses yeux et noirci ses sourcils avec une allumette. Un peu de rouge, un peu de blanc lui composaient un teint convenable, et ses cheveux blonds s'étaient enrichis d'une natte épaisse du prix de vingt francs !

Candide jeune homme !

Dusautoy l'avait habillé ; le ridicule du temps avait fait le reste. Un lorgnon gênait sa vue perçante ; il avait un carcan autour du cou ; un photographe lui avait fait une raie au milieu du front et séparé les cheveux à la Jésus-Christ ; son pardessus était jaune comme le rire d'un mari trompé.

Vous l'eussiez mis tout nu, il vous eût paru beau comme l'antique ; tel qu'il était, un *casse-noisette* l'eût renié.

Son père était un peu baron. Il avait trente mille livres de rente et savait faire des dettes.

Peut-être n'avait-il pas vingt ans ; à l'œil, il en paraissait trente-neuf !

Jamais il n'avait aimé ; mais il avait fumé des londrès, monté des chevaux et rossé des figurantes.

On ne l'avait vu pleurer qu'une fois, — encore on n'en était pas très sûr, — le jour où sa première maîtresse, qui jonglait avec ses quarante-deux ans comme un Indien avec des couleuvres, l'avait trompé pour un cent-gardes.

C'était un joli petit vieux de dix-neuf ans et huit mois, qui croquait son père défunt, sa mère encore vive et ses deux oncles bien portants.

A la Maison-d'Or, on l'appelait *Singleton;* un marchand de contre-marques le tutoyait au café des Variétés ; au *Casino* de la rue Cadet, il n'y avait pas de fête sans lui.

Son rêve était d'avoir ses entrées dans les théâtres de genre et de faire jouer une pièce à Bobino.

Quant à elle, la pauvre fille ! elle fermait quelquefois les yeux,—ce qui est une manière de rêver à l'avenir.

Et alors elle entrevoyait une chambre en damas bleu avec de l'acajou criard et rouge, des chaises à sept francs, un voltaire à dix-neuf, un verre d'eau en imitation de bohême, une pendule en zinc galvanisé et trois paires de draps dans l'armoire à glace, juste au-dessus de la quittance de ce monstre femelle qui s'appelle une revendeuse à la toilette.

Ce rêve, commencé si souvent, jamais fini, elle venait de

le reprendre encore en contemplant son verre d'absinthe, car elle buvait de l'absinthe et dédaignait de la panacher!

Lui, pendant ce temps, il rêvait aussi. Le matin, il avait lu un feuilleton. Dans ce feuilleton, il était question d'amour. D'abord, il ne comprit pas; puis il essaya de comprendre...

Vouloir, c'est pouvoir, à la fin...

Et il lui prit une de ces jolies fantaisies que l'argot parisien qualifie de *toquades*.

— Je veux aimer, se dit-il, et je veux aimer réellement.

Donc, c'était au moyen de satisfaire sa *toquade* qu'il rêvait.

Et tous deux, à un moment donné, se regardèrent; et, de ce regard jaillit la première flammèche d'un incendie.

Cependant, le brouillard descend toujours. Il était jaune aux derniers rayons du jour; il est devenu rouge au reflet des becs de gaz.

Le vieillard de dix-neuf ans et l'enfant de vingt-deux, lui grotesque, elle plâtrée, se sont sauvés à travers la brume.

Bignon les a recueillis.

Le cabinet est bien chaud. Les bougies ont remplacé le gaz. On frappe le moët et le bordeaux chauffe; la crevette exhale une odeur particulière qui ne fait pas toujours rêver.

— Comment t'appelles-tu? demande Singleton.

— Anna, répond la fille plâtrée. Et vous?

— Edouard, dit le gandin; embrasse-moi.

Anna se laisse prendre un baiser à la poudre de riz, et entame les crevettes.

— Vous êtes donc riche? dit-elle.

— Tu as donc un cœur ? demande Singleton.

— Je ne sais pas ; mais j'ai toujours rêvé de l'acajou.

— Veux-tu du palissandre ?

Anna perd la tête et regarde Singleton avec stupeur.

— Est-ce possible ? s'écrie-t-elle.

Mais la porte s'ouvre et le garçon apparaît.

— Monsieur le baron, dit-il au gandin, connaissez-vous le baron Kloss ?

— Je dois le connaître, répond Singleton, car il n'y a pas des barons à la douzaine.

— Voici sa carte.

Le garçon a posé le carré de porcelaine glacée sur une assiette et le présente au petit bonhomme.

La carte porte ces mots :

LE BARON SAMUEL KLOSS

rue Neuve-des-Mathurins, n° 40.

— Eh bien ! demande Singleton.

— Ce monsieur désire voir monsieur le baron.

Singleton laisse échapper un geste de mauvaise humeur. Il s'était promis de faire, ce soir-là, un premier pas dans le chemin de l'amour vrai.

Néanmoins, il n'ose refuser !

— Qu'il entre ! dit-il.

Et Samuel Kloss franchit le seuil du cabinet.

Derrière lui se montre l'inévitable docteur, le docteur complaisant, ce bonhomme qui, après avoir été l'ami du père, est devenu le complice du fils.

6.

II

Ah! messeigneurs les habitués de la brasserie de *la Licorne*, auprès du vieux pont de Heidelberg, étudiants naïfs et chevaleresques, duellistes innocents, dont les épées ne piquent pas et qui mettent un masque avant de vous entailler la peau, — vous ne l'eussiez pas reconnu!...

Jeunesse laborieuse et tudesque de la bonne ville de Heidelberg, fils du Hanovre au liséré jaune, enfants de la Bavière au ruban bleu, nourrissons de la Prusse au galon rouge, vous eussiez jeté un cri d'étonnement en le voyant ainsi transformé, votre ancien roi, le Samuel des vieux jours de gloire, le rodomont de la patriarcale Université!

Il avait quitté ses bottes à l'écuyère, son pantalon gris-perle et collant, sa redingote à brandebourgs, sa casquette à visière vernie, ornée de la *faveur* nationale.

Un joli tuyau de poêle couvrait sa tête ; il portait un pantalon à carreaux tombant tout droit sur une botte vernie, un gilet de velours, une jaquette de drap bleu, un pardessus couleur mélasse, qui lui tombait sur les talons.

Il s'était fiché un morceau de vitre dans l'œil, une chaîne de montre autour du cou, un col pointu au bord des oreilles. Il parlait le français presque sans accent, et, depuis trois mois, le pavillon d'Armenonville ne voyait plus que lui à cheval. Et de l'esprit avec cela !

Quand ces Gascons d'outre-Rhin viennent chez nous, c'est pour nous humilier par leur intelligence.

Il possédait le langage adorable qu'on parle au *tatters'hall* ; il faisait courir, et avait découvert un jockey qui rendait dix livres au premier venu.

Il avait voulu acheter *the Colonel*, le vieux vainqueur des steeple-chases, et, n'y pouvant parvenir, il s'était rejeté sur Coraly Berthelot, une des six femmes qui font le bonheur d'un club essentiellement élégant.

Coraly croquait, croquait...

Mais ils étaient deux à entamer les millions du baron Samuel Kloss, d'autant mieux que lorsqu'il touchait une carte, elle devenait la première d'une *main* interminable.

Tout cela avait permis à Samuel d'oublier un peu Héva.

Car il avait eu beau courir, en compagnie de son ami le docteur, fouiller Paris en tous les sens, consulter des somnambules et demander des renseignements à tous les négociateurs en mariage, il n'avait pu retrouver la blonde pupille de son père.

Mais de même que le baron Edouard, dit *Singleton*, avait, depuis ce matin-là, une toquade, celle de tâter de l'amour vrai, le baron Samuel Kloss avait la sienne, pareillement.

Il voulait retrouver Héva.

Pourtant Coraly était une charmante créature : dents d'ivoire, peau de satin, cheveux blonds et lèvres rouges.

C'était Héva que voulait Samuel.

Le matin de ce jour brumeux, il était allé voir une somnambule.

Que voulez-vous? on n'est pas né impunément de l'autre côté du Rhin, sur la terre des légendes et des superstitions !

Il y a des gens qui ne croient pas en Dieu et font les cornes à un homme qui passe pour avoir le *mauvais œil*.

Donc Samuel avait porté à la somnambule une mèche de cheveux blonds.

Cette mèche, Héva la lui donna un soir, quand le bon vieux Kloss vivait, dans le grand salon du manoir de Kurbstein, un soir où Samuel repartait pour Heidelberg, la seule ville de félicités qu'il eût connue jusque-là.

Et la somnambule, après l'avoir touchée, dit à Samuel :

— Vous retrouverez cette personne demain, dans le bois de Boulogne, à sept heures et demie du matin.

Samuel était sorti de chez la pythonisse moderne tout pensif.

— Nous sommes en novembre, s'était-il dit ; on ne va au bois, dans cette saison, à sept heures du matin, que pour un duel.

Or donc, il avait attendu une querelle toute la journée, et la querelle n'arrivant pas, il avait pris le parti de faire comme le prophète, qui s'en allait vers la montagne, laquelle dédaignait de venir à lui.

C'était pour cela qu'il venait d'entrer dans le cabinet où Singleton rêvait d'amour, et où Anna n'osait encore rêver de palissandre.

— Monsieur, dit Samuel en regardant beaucoup la jeune femme, connaissez-vous madame ?

— Il est assez probable que je la connais, puisqu'elle dîne avec moi, répondit Singleton.

— Je vous ferai observer, répondit Samuel, que ce n'est pas une raison absolue, car...

Il s'arrêta, mais il se mit à table.

Singleton, stupéfait, se leva.

— Ces crevettes sont détestables, dit Samuel avec le plus grand calme. Garçon, apportez-moi des huîtres. C'est monsieur qui paye !

— Monsieur, s'écria Singleton, rouge de honte et de colère, êtes-vous fou ?

— Non, dit Samuel, mais madame me plaît, et je vais souper avec elle...

On n'est pas baron pour rien. Baronnie oblige, mordioux !

Singleton prit une carafe d'eau frappée et en jeta le contenu au visage de Samuel.

Celui-ci prit la serviette d'Anna, s'essuya avec le plus grand calme et dit à Singleton :

— Veuillez me pardonner, monsieur, d'avoir troublé votre tête-à-tête. Nous nous retrouverons demain matin, au bois, dans un fourré, entre le jardin d'acclimatation et Madrid. Comme je suis l'offensé, je choisis le pistolet. A sept heures, je serai sur le terrain.

Singleton salua. Il était du club des *mineurs*, où tout se passe dans les règles.

— Par exemple, ajouta Samuel, je vais vous donner un conseil d'ami, madame est gentille...

Il assassina d'une œillade la pauvre Anna, demi-morte d'effroi déjà.

— Je vous engage à songer à elle, acheva Samuel. Ajoutez une ligne à votre testament...

Anna se prit à ressusciter, et, cette fois, elle rêva tout de bon un mobilier en palissandre.

Barbu comme ces boucs fantastiques dont les mégères de légendes se servaient pour aller au sabbat, la crinière épaisse, le teint olivâtre, les dents blanches, la lèvre charnue, plutôt petit que grand, souple en ses mouvements comme une couleuvre, la main fine et nerveuse, le pied cambré et mignon comme un pied de femme, un regard tantôt noir et profond, tantôt rêveur, parfois étincelant comme une lame d'épée au soleil, tel était le personnage que nous allons vous présenter.

Vous l'avez tous vu à Paris, la nuit, au café Anglais, le matin au bois, montant une admirable jument irlandaise du nom de *Miss Sarah.*

A cinq heures, en été, il se promenait, un cigare aux lèvres, devant Tortoni.

On l'appelait don Ramon.

C'était un Espagnol, né, disait-on, à Buenos-Ayres.

Était-il riche ? On ne le savait pas ; il vivait de rien, comme les gens de sa race.

Sa vie passée était un mystère, son existence actuelle pareillement.

Un Anglais, courrier de cabinet, qui passa huit jours à Paris en allant à Madras, prétendit l'avoir connu en Sénégambie, où il faisait la traite des nègres.

Un Américain de New-York affirmait également que don Ramon avait, à l'âge de vingt ans, essayé de révolutionner son pays ; qu'il avait été roi pendant vingt-quatre heures, puis condamné à mort, et qu'il s'était miraculeusement échappé.

De toutes ces choses-là, don Ramon ne soufflait jamais un mot.

Il *vivait* sobrement, habitait un modeste entre-sol, avait un seul domestique et sortait à pied.

Cependant, il soupait régulièrement, était d'un club bien connu, ne jouait jamais, et fumait des cigares de forme bizarre, qui, disait-il, étaient fabriqués sur la cuisse nue de belles mulâtresses nées et entretenues sur ses terres d'outre-mer.

Don Ramon dînait chez Bignon.

Il dînait seul, et on lui gardait invariablement la même table, à gauche, près du comptoir, en entrant par la rue de la Chaussée-d'Antin.

Ce soir-là, don Ramon était sombre comme une nuit d'hiver...

Son geste était saccadé ; il s'était oublié à parler tout haut, ce qui ne lui arrivait jamais.

Comme il achevait son dîner, il entendit un grand bruit; 'était l'altercation qui avait lieu au premier étage, entre le aron Singleton et Samuel.

Don Ramon laissa échapper un geste de mauvaise humeur, geste d'un homme qui n'aime pas être dérangé.

Mais, presque aussitôt, il vit paraître Singleton.

Singleton était un habitué de l'endroit; il y rencontrait on Ramon journellement. Souvent, ils s'étaient sa- és.

Le petit baron, car il était plutôt nain que géant, — s'aprocha donc de don Ramon et lui dit :

— Monsieur, si je vous demandais un service, me le reuseriez-vous?

— Cela dépend, répondit don Ramon, qui était de mauaise humeur. De quoi s'agit-il?

— Un homme que je ne connais pas est venu me chercher querelle.

— A vous? fit don Ramon.

Et l'œil du fils des tropiques s'emplit d'ironie.

On eût dit qu'il se demandait comment pourrait venir à uelqu'un l'idée de chercher querelle à un enfant malingre t chétif comme Singleton.

— Qu'avez-vous donc fait, mon Dieu ? lui demanda-t-il.

— Rien.

— Et on vous a cherché querelle?

— Oui.

— En êtes-vous bien sûr?

Singleton, à son tour, regarda don Ramon et lui dit :

— Je vous affirme, monsieur, que ce que je dis est des lus sérieux.

— Soit, mais comment cela vous est-il arrivé?

7

— Je dînais avec une femme.

A ces mots, don Ramon bondit comme un homme qui, voulant s'asseoir, s'est assis sur un fagot d'épines.

— Vous dîniez avec une femme? dit-il avec une émotion bizarre.

— Oui.

— Et... cette femme... l'aimez-vous?

— Je crois que oui..., répondit Singleton, qui avait fait des progrès dans les découvertes de l'amour.

La poudre de riz et les yeux *maquillés* d'Anna lui trottaient déjà dans le cœur.

— C'est bien, dit don Ramon, qui devint sérieux tout à coup. Maintenant, causons.

— On vous a donc cherché querelle?

— Oui.

— A propos de cette femme, sans doute?

— C'est probable, dit Singleton.

— Et vous voulez que je vous serve de témoin?

— Je n'ose l'espérer.

— Je suis votre homme, dit don Ramon.

Puis il y eut chez cet homme, qui avait un cou de taureau et dont les épaules trahissaient une force herculéenne, le regard d'une âme d'acier trempée à la Damas, — il y eut comme un grand sentiment de pitié pour cet être chétif, habillé par Dusautoy, amaigri par les veilles, énervé par le lansquenet. Ce lion au repos, qu'on appelait don Ramon, se prit à considérer l'enfant et lui dit :

— Mais avec qui donc vous battez-vous?

— Avec un homme que je ne connais pas.

— Comment est-il?

— Il a l'accent allemand.

Don Ramon crut se souvenir qu'il avait déjà vu Samuel uelque part.

Le fils de l'acteur Klos avait le verbe haut, le geste rusque, la démarche conquérante.

— Est-il jeune ou vieux? demanda-t-il.

— Je crois qu'il est jeune.

— Et vous vous battez ?

— Oui.

— A quelle heure ?

— A sept heures du matin.

— En quel endroit ?

— Au bois, dans le premier fourré à gauche, entre le Jar- in d'acclimatation et Madrid.

— Quelle est l'arme que vous choisissez ?

— Le pistolet.

Le jeune baron Singleton était fort calme dans son paletot noisette et son col à carcan.

Son sang-froid plut à don Ramon.

Celui-ci appela le garçon et lui demanda la carte à payer.

Puis il dit à Singleton :

— Venez avec moi, on ne cause bien qu'au grand air.

— Pardon, monsieur, répliqua Singleton ; voulez-vous me permettre de mettre en voiture la femme qui dînait avec moi?

— Faites, dit l'Espagnol.

Il avait du monde, ce gandin ! Maigre comme un poulet, ridicule au plus haut point, il savait redevenir quelque chose, selon les circonstances.

Il remonta donc dans le cabinet où sa compagne de hasard était demeurée toute tremblante.

— Ma petite, lui dit-il, veux-tu me donner ton adresse?

— Pourquoi! dit-elle étonnée.

— Mais, pour que j'aille te voir demain.

La vendeuse d'amour tressaillit; elle eut une mauvaise pensée....

— Je suis *flouée*! se dit-elle.

Pauvre fille! elle avait eu à se plaindre de la liquidation dernière...

Mais Singleton tira son portefeuille de sa poche et lui dit en souriant :

— On ne sait ni qui vit ni qui meurt, ma petite. Il serait possible que je fusse tué demain.

— Ah! fit Anna en frissonnant.

— Et il faut tout prévoir, ajouta Singleton avec stoïcisme. Je ne peux pas t'avoir dérangée pour rien.

Sur ces mots, il ouvrit son portefeuille, en tira un billet de mille francs et le tendit à la vendeuse d'amour.

Le pendu dont la corde casse, l'amant chassé qu'on rappelle, l'auteur sifflé qui entend un bravo, le petit journal qui trouve enfin un abonné, n'éprouvent pas, réunis, la joie qui s'empara de la fille plâtrée à la vue du billet bleu qui, pour elle, représentait tout un mobilier d'acajou.

Elle ne remercia point, elle ne songea point à tendre son front à Singleton; elle n'eut qu'une terreur, c'est que le billet ne fût faux!

Et elle se sauva, sans dire adieu, jusqu'au café des Princes, un joli établissement, où il y a des changeurs, des calicots et des duchesses de quinze sous.

Quant à Singleton, il avait rejoint don Ramon.

Celui-ci le prit par le bras, et l'entraîna sur le boulevard.

— Voyons, lui dit-il, savez-vous tirer?

— J'ai cassé des poupées à Mabille.

— Et puis ?

— Mais, dame ! fit Singleton, c'est déjà joli, ce me semble. Un homme est plus gros qu'une poupée.

Un sourire vint aux lèvres de l'Espagnol.

— Dans mon pays, dit-il, on se bat à la carabine, à cent pas de distance, et on place une balle entre les deux yeux de son adversaire. Si je vous dis cela, et si je vous ai demandé comment vous tiriez le pistolet, c'est que je considère cette arme comme excessivement ridicule quand elle n'est pas meurtrière.

Les bourgeois se battent au pistolet, les gentilshommes, tout ce qui est bien élevé, en un mot, choisit l'épée.

— C'est ce que j'eusse fait si la chose eût dépendu de moi, répondit Singleton.

— Eh bien ! fit don Ramon, fiez-vous-en à moi, vous ne serez pas ridicule.

Il emmena Singleton chez lui.

Don Ramon logeait à deux pas, dans la rue Taitbout, à l'angle de la rue du Helder.

Il avait un entre-sol de trois pièces, meublé avec un goût sévère, peuplé de bronzes, de potiches de faïences et de vieux tapis.

Il y avait, dans la dernière pièce, qui était un fumoir assez spacieux, une paire d'épées de combat accrochées au mur.

Don Ramon en tendit une à Singleton.

— Essayez donc de me toucher, dit-il. Je suis d'une jolie force, et la pointe d'une épée nue ne me cause aucune émotion.

Singleton tirait fort bien. Il s'exécuta.

Il ne put pas toucher don Ramon ; mais celui-ci lui dit, au bout de cinq minutes :

7.

— Si vous vous battiez à l'épée, je suis certain que vous tueriez votre adversaire.

Maintenant, avez-vous un second témoin ?

— Non, dit Singleton.

— Accepteriez-vous celui que je vous donnerais ?

— Ah ! sans doute, fit Singleton avec reconnaissance.

— C'est bien. Donnez-moi votre adresse, rentrez chez vous et dormez. Je serai demain à six heures du matin à votre porte, et j'amènerai votre second témoin.

A propos, comment vous appelez-vous ? car je ne vous connais que sous le nom de Singleton, qui sans doute n'est pas le vôtre.

— Je me nomme le baron Edouard de Villemain, répondit Singleton.

— Où demeurez-vous ?

— Boulevard Malesherbes, 17.

Singleton s'en alla, après avoir serré avec reconnaissance les deux mains de don Ramon.

— Le sang-froid de ce gamin me plaît, murmura l'Espagnol. Je ne veux pas le faire tuer....

IV

Et lorsque don Ramon fut seul, il s'installa au coin du feu.

Il alluma un cigare, se plongea dans un vaste fauteuil, croisa les jambes, renversa la tête, laissa ses paupières recouvrir à demi son œil de tigre, et se prit à rêver.....

On eût dit le roi du désert, sommeillant accroupi sur le sable jaune, par une brillante nuit d'été.

A quoi rêvait-il ?

A quoi rêvait-il pendant plus d'une heure? Lui seul et Dieu peut-être le surent.

Mais il vint un moment où ses paupières laissèrent jaillir une larme...

O filles d'Eve à qui le cœur manque et dont la griffe s'allonge, vous n'avez jamais su le prix d'une larme d'homme !

Il avait été roi, disait-on, il avait chassé le tigre, trafiqué de la peau noire, vécu parmi les Indiens, galopé sur la croupe nue des chevaux sauvages qui paissent dans les pampas...

Et il pleurait !

Il entendit un coup de sonnette, — et il se leva.

A coup sûr, c'était une main nerveuse et souple, impatiente et fiévreuse, qui avait tiré cette sonnette de son immobilité silencieuse.

Quand une femme vient chez vous, elle ne sonne pas comme tout le monde.

Aussi, don Ramon se leva et courut avec un empressement juvénile jusqu'à l'antichambre.

Il ouvrit ; un frou-frou de soie, un parfum discret entrèrent à la fois, et deux bras blancs se dégagèrent des plis d'une *sortie de bal* et enlacèrent le cou robuste de don Ramon.

En même temps une voix d'enfant murmura :

— C'est moi !

Et don Ramon jeta un cri de bête fauve amoureuse ; il l'enlaça comme une proie et l'emporta dans le fumoir....

Et puis il se mit à genoux; cette larme qui, depuis une heure, perlait au long de ses cils, tomba brûlante sur le front de la visiteuse . . . .

. . . .

V

Elle était blonde, — avec des yeux noirs...

Ses deux mains tenaient dans une de celles de don Ramon; elle avait un pied de poupée.

Avait-elle vingt ans ou trente?

Mystère !

Mais don Ramon l'aimait... il l'aimait à en mourir, et c'était pour elle qu'il avait pleuré.

Ces excentriques nés loin de Paris, étrangers à nos mœurs par l'instinct, en dépit du contact, ont parfois de ces passions volcaniques.

Comme ils ne savent pas et ne sauront jamais ce qu'est une Parisienne, ils se prennent à l'aimer avec la brutalité chevaleresque et les dévouements infinis qu'imagine la nature et réprouve la civilisation.

Pendant quelques minutes, don Ramon demeura à genoux, baisant ces mains transparentes, ce front blanc et mat, ces cheveux d'or, brûlant de ses lèvres ces lèvres plus rouges que roses, et la sentant palpiter sur son sein comme une tourterelle sous la serre d'un gerfaut.

Et quand, à demi folle, elle lui dit :

— Oh ! laisse-moi !... Ramon !... laisse-moi !

Il se redressa alors, l'œil étincelant, les narines dilatées, la poitrine gonflée et sonore :

— Viens ! lui dit-il, viens, maintenant.... laissons Paris... nous voyagerons toute la nuit... demain, nous serons au Havre... Là, nous trouverons un navire... je t'emmènerai aux Indes... où j'ai des plantations plus vastes qu'un département de France...

Mais elle eut un sourire, — un sourire qui donna le frisson à l'Espagnol... Et il se tut.

— Vous êtes fou ! dit-elle.

Et comme il retombait à genoux, foudroyé à demi, elle parla à son tour :

— O cher insensé, dit-elle, comme te voilà bien toujours le même ! changeant toutes nos joies en tristesse, et répandant sur le mystère de notre bonheur le fiel de ta jalousie âpre et sauvage !

Partir !

C'est-à-dire quitter Paris, la joie, le plaisir, l'enivrement, la causerie charmante du soir, la rêverie aimable du matin, le bonheur qui recommence après avoir fini, et le bal qui succède au bal, la fête à la fête, l'enchantement qui se perpétue pour tout ce qui est jeune, riche et beau !

Partir !

Mais tu es fou, mon tigre adoré, — mais tu ne songes

is que nous sommes en novembre, que Paris étincelle à travers le brouillard comme une femme enveloppée de gaze; que l'hiver nous arrive avec tous ses enivrements, et que les morts seuls ont le droit de partir !

Les Indes! le soleil... les forêts vierges... les nuits d'été... Pourquoi faire?

Tiens! vois-tu les pierres de mes boucles d'oreilles, elles brillent plus que les étoiles de ton ciel indien !

Et mon sourire, ne vaut-il pas le soleil dont tu parles ?

Et si tu as besoin d'être seul, ne pouvons-nous passer une heure ici, les mains enlacées, nos lèvres unies, nos cœurs battant à l'unisson?

Car, voyez-vous, mon maître, je vais au bal ce soir... et je vole, pour vous, une heure au plaisir!

Et vous vous plaignez, ingrat! et tu me parles de partir!...

O la brute intelligente et bonne, naïve et féroce que tu fais, mon Ramon!

Est-ce qu'on emmène une Parisienne? Est-ce qu'on nous transplante, nous, fleurs étranges qui nous épanouissons dans la chaude atmosphère d'un bal, dont le cœur s'éveille entre deux mesures de valse? Et ne sais-tu donc pas que vouloir une femme à toi, à toi seul, rêver de la garder comme le dragon garde son trésor, c'est faire implicitement le serment de la prendre en haine avant un mois?

La femme qu'on hait, vois-tu, c'est la sienne.

La femme qu'on aime, c'est celle des autres...

Aimes-moi donc, fou que tu es! Les forêts vierges dont tu me parles ne valent pas ce coin d'entre-sol où nous sommes!

Elle avait raison; don Ramon était fou; car lorsqu'elle

eut ainsi parlé, lui versant les effluves de son regard et le venin enchanteur de sa voix, il se leva rugissant, féroce, brutal, et la repoussa :

— Vous ne m'aimez pas ! dit-il.

Peut-être eut-elle peur, car elle rentra dans sa gorge le frais éclat de rire qu'attendaient ses lèvres.

Il était homme à la tuer !

Mais elle se leva à son tour, et s'enveloppa dans cette dignité révoltante qui fait la force de la femme et la rend odieuse.

— Je gage, lui dit-elle, que vous avez bu de cette liqueur des îles que vous vantez et qui vous trouble le cerveau. Adieu, mon bien-aimé sauvage. Je monte à cheval demain, et vous me rencontrerez au bois, entre deux et trois heures...

— Armande ! s'écria don Ramon.

Une légère écume bordait ses lèvres, il avait des charbons enflammés dans les yeux.

— Oh ! murmura-t-il, voilà donc cette femme pour qui je voudrais mourir !

— Mourir ! dit-elle, pourquoi, ami ? Mieux vaut vivre, va ! C'est si bon, la vie !... si bon et si gai !...

Il haussa les épaules et un frémissement de colère agita tout son être...

Mais *elle*, posant sa petite main sur son épaule, lui répliqua, souriante :

— Décidément, don Ramon, vous êtes un véritable Espagnol. Ce qui manque à votre bonheur, c'est la persienne entr'ouverte, l'échelle de soie, le poignard du bravo et la ronde des alguazils.

Je gage que vous donneriez deux pintes de votre sang

pour avoir l'occasion d'en répandre une troisième en mon honneur !

— Oh ! fit-il avec le sérieux du Cid aux genoux de Chimène.

— Et pourtant, continua-t-elle, si je le voulais bien... je pourrais vous rendre heureux... Voyons ? si vous y tenez absolument... voulez-vous tuer quelqu'un pour l'amour de moi ?

Comme elle raillait en parlant, il la regarda d'un air étrange.

— Non, vrai, dit-elle ; je ne plaisante pas. Un homme m'a insultée...

Un cri rauque s'échappa de la poitrine de don Ramon.

— Voici cinq ans que je suis un peu reine de par la mode, poursuivit-elle. Quand j'entre dans un salon, il se fait un murmure admirateur sur mon passage. Je reçois vingt-cinq déclarations muettes par soirée ; mais, jusqu'à présent, personne, excepté vous, ingrat, n'a osé me manquer de respect...

Eh bien ! hier...

Elle n'acheva pas, don Ramon était devenu livide.

— Je ne veux rien savoir, s'écria-t-il. Rien, hormis une chose.

— Laquelle ?

— Son nom.

— Je le sais à peine. On le nomme le baron Samuel.

— Où est-il ? Où le trouver ?

— Je ne sais. Paris est grand.

— Je le trouverai et le tuerai !

— A votre aise, dit-elle avec calme. Cependant, il faut que vous sachiez ce qui s'est passé...

— Eh bien ! soit, parlez ! dit don Ramon, qui croisa ses bras sur sa poitrine, dont on entendait les pulsations désordonnées.

— J'étais hier à l'Opéra, avec mon mari. Dans une loge voisine de la mienne, il y avait un jeune homme et un vieillard. Tous deux avaient je ne sais quoi de satanique dans le regard.

Le jeune homme avait braqué sur moi sa lorgnette avec une obstination de la dernière impertinence.

Mon mari, vous le savez, est tout occupé des ronds de jambes et des *pointes* de mademoiselle X..., dont il est amoureux fou.

Il ne vit rien, il n'entendit pas la conversation de ces messieurs.

L'un d'eux, le plus jeune, sortit un moment, puis revint.

— Docteur, dit-il à son voisin, cette dame est la comtesse de M... Parions cent louis qu'elle sera ma maîtresse avant un mois !

L'entr'acte arriva. Mon mari alla se promener au foyer. Cinq minutes après, l'ouvreuse m'apporta un bouquet et un billet écrit au crayon.

— L'insolent ! s'écria don Ramon.

— Je froissai dédaigneusement le billet, et je rendis le bouquet à l'ouvreuse. En ce moment, mon mari entra, et comme la toile se levait sur le ballet, il ne remarqua ni l'ouvreuse, ni le bouquet.

Les jambes maigres de mademoiselle X... l'absorbaient tout entier.

— Et vous dites qu'il se nomme Samuel ?

— Oui.

— Je le retrouverai ! murmura don Ramon d'une voix sourde.

— Là ! fit-elle en riant. Voici que votre amour a de la pâture.

Et, de nouveau, elle lui passa ses bras nus autour du cou et plaça son front sous ses lèvres...

Adieu, dit-elle, à demain...

Elle était déjà loin, et le bruit de sa voiture s'était éteint à l'angle de la rue et du boulevard, que don Ramon était encore à la même place, absorbé, frémissant, rêvant un bain de siége dans le sang de cet inconnu qui avait osé envoyer un bouquet à sa maîtresse.

Seulement, une seconde larme roulait sur sa joue.

Cet homme avait l'amour triste comme un jour de noces.

VI

Le ciel est d'un bleu pâle. Les premiers rayons du jour blanchissent l'arc-de-triomphe de l'Étoile; la grande allée des Champs-Elysées est sonore sous le pied des chevaux, et les deux trotteurs du baron Samuel Kloss gagnent rapidement l'avenue de l'Impératrice.

Samuel veut arriver le premier au rendez-vous.

La veille, après son étrange conduite, Samuel est rentré chez lui.

Le baron de fraîche date habite un joli appartement aux Champs-Elysées, avenue Montaigne, au premier étage.

Ses écuries et sa remise étaient dans la cour.

— Pourquoi diable! lui avait dit le docteur, avez-vous choisi le pistolet, mon cher baron?

— Mais, docteur, parce que je tire fort bien.

— Vous voulez donc le tuer?
— Pourquoi pas?
— Mais, savez-vous?...

Le docteur parut hésiter....

— Hein? fit Samuel.

— Savez-vous, mon cher baron, reprit le docteur, que je ne suis ni prude, ni bégueule. Cependant, je trouve inutile de tuer ce petit bonhomme, et voici pourquoi : vous avez besoin d'un duel, très bien. Mais la prédiction de la somnambule ne va pas jusqu'à dire qu'il soit nécessaire de tuer un homme.

— Peuh! qu'est-ce que ça fait?

— Et puis, voyez-vous, continua le docteur, nous ne sommes pas à Heidelberg, ici. Là-bas, on se coupe le nez, on s'entame l'oreille : c'est affaire d'étudiants, la police ne s'en mêle pas. Mais à Paris, c'est tout différent. Il y a la police correctionnelle qui condamne toujours....

— Oui, dit Samuel avec calme, mais quand on tue son homme on passe en Cour d'assises, et la Cour d'assises vous acquitte.

Le docteur salua.

— Vous êtes d'une logique rigoureuse, dit-il.

Samuel passa dans une grande pièce qu'il appelait sa salle d'armes.

Il prit un pistolet de salon et se mit à faire des mouches sur une plaque.

— Vous tirez merveilleusement, lui dit le docteur; je plains le petit bonhomme.

— Bah! dit Samuel, il est si chétif à l'œil, que je le crois malade de la poitrine. Ça le posera d'être tué en duel.

Quand il eut écrit le nom d'Héva sur ses cartons et tiré

une vingtaine de balles, Samuel se fit apporter du punch ; puis il se coucha tranquillement et pria le docteur de s'occuper d'un second témoin.

— Je sais où le trouver, dit le docteur.

Il y a, aux Champs-Elysées, un café qu'on appelle le café Marignan. C'est le rendez-vous des marchands de chevaux, des habitués du Tatters'hall et des brocanteurs de harnais et de voitures. Il s'y trouve, chaque soir, une jolie réunion de maquignons alsaciens et de juifs allemands, qui jouent au domino et se content leurs petites affaires.

Parmi ces habitués, il est un type ;

Un type étrange, — le capitaine.

C'est un homme de soixante ans, à la moustache blanche, au front chauve. Il est boutonné jusqu'au menton et porte un large pantalon bleu sur de grosses bottes à éperons.

Il monte des chevaux pour tous les marchands des Champs-Elysées, à raison de cent sous l'heure.

Quand un cheval est impossible, on le met entre les jambes du capitaine, qui, en trois jours, l'a rendu souple et docile.

Le capitaine a servi, dit-il, dans la garde royale.

Cependant, il n'est pas décoré.

Il sert de témoin au besoin, et règle les duels d'acteurs dans les pièces du boulevard.

Quand il sert de témoin, on lui donne 20 fr. si c'est pour un duel, et 15 si c'est pour un mariage. Mais, dans ce dernier cas, il est du repas de noces.

C'est le capitaine que le docteur alla chercher, et à qui il donna rendez-vous pour le lendemain, à sept heures moins un quart, à la grille de Madrid. . . . .
. . . .

Donc le coupé du baron Samuel descend rapidement l'avenue de l'Impératrice, entre dans le bois, passe devant Armenonville et gagne le rendez-vous.

Le capitaine est à son poste.

Mais, quelque diligence qu'il ait pu faire, Samuel n'est pas le premier.

Singleton se promène bras dessus bras dessous avec don Ramon, tandis qu'un jeune homme, — un *mineur*, comme on dit au club, — à qui Singleton a écrit en toute hâte, fumote un cigare, perché sur le siége d'un petit break à deux chevaux.

Don Ramon quitte Singleton; le mineur descend du break, et tous deux s'approchent du docteur et du capitaine, tandis que Samuel demeure à l'écart.

— Monsieur, dit don Ramon au docteur, nous avons apporté des épées.

— Pardon, répond le docteur, l'arme choisie est le pistolet.

— Je le sais. Mais quand on aura échangé deux coups de feu, s'ils n'amènent aucun résultat, on se battra à l'épée.

— Ceci est différent, reprend le docteur. Permettez cependant que j'en réfère à mon ami, le baron Samuel...

A ce nom, don Ramon pousse un rugissement et saisit violemment le bras du docteur.

— Vous dites, fait-il d'une voix étranglée que c'est... le baron... Samuel ?

— Oui.

— Alors, s'écrie don Ramon, qui est devenu verdâtre et dont l'œil s'injecte de sang, ce n'est pas avec Singleton qu'il se battra, c'est avec moi...

Le docteur demeure stupéfait.

VII

Il est des gens pour qui tout semble prévu dans la vie.

Ils ont calculé les événements, réglé l'avenir, prédit la pluie et le beau temps à leur convenance.

Le docteur est ainsi fait.

Il a bien prévu que Samuel se battrait avec Singleton, mais il n'a nullement compté sur la colère de don Ramon.

D'ailleurs, il ne connaissait pas l'Espagnol, et il a même été surpris de voir le petit Singleton amener sur le terrain ce témoin à visage bronzé et fatal. Aussi, lorsque don Ramon parle de tuer Samuel, ce bon docteur fait-il trois pas en arrière et regarde cet homme avec un étonnement qui ressemble à l'effroi.

— Pardon, monsieur, dit-il enfin, je crois que vous vous trompez....

— Plait-il ? fait don Ramon.

— Monsieur le baron Samuel se bat avec M. Édouard Singleton.

— Il se battra d'abord avec moi !

Don Ramon a retrouvé tout son calme, le calme du volcan qui fume et chauffe sa lave à blanc au fond du cratère.

— Mais, monsieur... dit le docteur.

Don Ramon lui saisit le bras :

— Un mot, dit-il.

— Je vous écoute.

— Ce jeune homme se nomme le baron Samuel

— Oui.

— Va-t-il à l'Opéra ?

— Quelquefois.

Le docteur a deviné le danger ; mais le regard étincelant de don Ramon pèse sur lui.

Il n'ose mentir.....

— Était-il à l'Opéra avant-hier ? continue l'Espagnol, serrant toujours le bras du docteur.

— Oui.

— Avec qui ?

— Avec moi.

Don Ramon connaît la loge où *elle* était; il en sait le numéro, qui est le 17; et il dit au docteur :

— Vous vous trouviez alors dans la loge numéro 19?

— Peut-être...

— Alors c'est bien lui... et c'est bien vous...

Puis il quitte brusquement le docteur et marche droit à Singleton, qui commence à trouver un peu longs les pourparlers des témoins.

— Mon ami, lui dit don Ramon, j'ai un service à vous demander.

— A moi ?

— Oui. Cédez-moi votre adversaire.

Singleton laisse échapper un cri de surprise.

Don Ramon poursuit d'une voix sourde :

— Il vous a insulté, vous ; ceci n'est qu'un détail. Il a insulté la femme que j'aime. Comprenez-vous ?

Singleton regarde don Ramon.

L'Espagnol est pâle sous sa peau brune, et ses yeux sont rouges.

Il a du sang dans le regard.

Et comme l'enfant n'ose répondre, don Ramon le quitte, lui aussi, et s'avance vers Samuel.

Samuel fume insolemment un cigare.

— Pardon, monsieur, dit-il à don Ramon, en lui jetant sa fumée au visage, je commence à m'ennuyer beaucoup ici. Il faudrait en finir.

— A l'instant, dit don Ramon.

Et il retire un de ses gants et le jette au visage de Samuel, ajoutant :

— De la part d'une femme dont vous comptez faire votre maîtresse avant un mois...

Samuel rugit comme un lion blessé, mais il demeure immobile et contemple don Ramon.

— Ah ! c'est vous ? dit-il.

Dans ces deux mots, il y a tout un poëme. *C'est vous !* c'est-à-dire que voilà l'être mystérieux pour qui la comtesse de M... a des sourires et des baisers !... pour qui elle sort furtive de son hôtel, le matin ! — chez qui elle va, le soir, en quittant le bal.

Et tous les mauvais instincts de Samuel s'éveillent à la fois. Il se prend à haïr don Ramon, non parce qu'il vient de l'insulter, mais parce que don Ramon est aimé.

Samuel n'a jamais compris qu'une femme puisse aimer un autre homme que lui.

Et l'Espagnol et l'Allemand échangent un regard qui est une déclaration de guerre à mort.

Puis Samuel lui dit :

— Vous avez apporté des épées, n'est-ce pas?

— Oui.

— Eh bien! à l'épée, alors... on se voit de plus près... on se tue avec plus de joie !

— Soit, dit l'Espagnol.

Ni le docteur, ni Singleton, ni ce vieux capitaine, qui est venu gagner ses vingt francs, ni le gandin du club des mineurs, qui fume son troisième cigare, n'ont pas encore eu le temps de revenir de leur surprise, que Samuel et don Ramon mettent l'épée à la main.

Ils ont ôté leur habit, malgré le froid sec ; leurs manches sont retroussées...

Au lieu d'entrer dans le bois, où le givre a rendu l'herbe glissante, ils se sont placés sur la route, en vue de Madrid, et ils ont croisé le fer avec la frénésie de la haine.

Samuel, en dépit de sa métamorphose, est toujours le railleur impitoyable et froid, blasé et cruel, qui cherche à tuer avec la langue autant qu'avec l'épée.

Et, comme il a traduit Homère, il se met à imiter les héros du barde antique qui causent en combattant.

— Ah! dit-il, vous savez que j'ai jeté les yeux sur la comtesse de M...

Don Ramon répond par un furieux coup droit; mais le coup est paré.

Samuel poursuit :

— C'est une femme adorable... Elle est mignonne comme un ange... spirituelle comme un démon... Je vous engage à me tuer, monsieur, car sans cela...

Don Ramon pousse un cri de rage et se fend.

Samuel évite la botte à fond et son épée effleure la poitrine de don Ramon, qui se teint de quelques gouttes de sang.

Mais la blessure est légère et l'Espagnol n'y prend garde. Il attaque avec furie... Il veut tuer !...

— Elle a *le chien*, comme on dit, continue Samuel. J'en ferai ma maîtresse, soyez-en sûr.

La raillerie de Samuel exaspère don Ramon.

Une seconde fois, il s'est fendu à fond; mais, cette fois, c'est pour ne plus se relever, car l'épée de Samuel a disparu dans sa poitrine.

Don Ramon vomit un flot de sang, exhale un cri de rage et tombe la face contre terre.

Samuel a retiré son épée et l'essuie tranquillement sur l'herbe du fossé qui borde la route.

Singleton et le jeune homme qui devait lui servir de témoin se sont précipités vers don Ramon.

Don Ramon n'est pas mort, mais le sang s'échappe avec abondance de sa blessure et de sa gorge.

Le docteur qui, en homme prudent, ne voyage jamais sans sa trousse, ôte son habit, fait de la charpie, et pose un premier appareil pour arrêter l'effusion du sang.

— De quoi diable se mêle-t-il ? murmure Samuel, qui a repris un second cigare et endossé son paletot.

On assied don Ramon, qui respire encore et n'a point perdu connaissance, sur le bord du fossé, le dos appuyé au talus.

L'Espagnol ne peut parler ; mais il roule son regard enflammé autour de lui et l'arrête sur Singleton.

Ce regard veut dire :

— Venge-moi !

Singleton a compris.

L'enfant est brave ; il a du vieux sang dans les veines, et si Dusautoy a ridiculisé sa personne, il n'a pu lui fausser le cœur.

Singleton va droit à Samuel :

— Monsieur, lui dit-il, vous oubliez le but premier de notre venue ici.

— Non, monsieur, répond Samuel.

— Eh bien ?

— Je suis à vos ordres... Docteur, chargez donc les pistolets...

— C'est impossible ! s'écrie ce type intéressant qu'on nomme le *capitaine*.

— Pourquoi cela, bonhomme? demande Samuel.

— Parce que vous ne pouvez vous battre deux fois de suite.

Samuel hausse les épaules.

— Vous avez le sang en mouvement, les nerfs agités.... insiste le capitaine.

— On vous payera double ! réplique Samuel toujours insolent.

Le capitaine s'incline.

Une journée de deux louis, peste !... il y a de quoi boire des chopes pendant trois mois au café Marignan.

9

Le docteur a refusé d'abord, lui aussi, de laisser battre Samuel.

Mais Singleton pâle, résolu, l'œil en feu, s'écrie :

— Monsieur, aussi vrai que vous êtes un odieux Gascon d'outre Rhin, si vous ne vous exécutez, je vous applique une pichenette sur le nez.

— Mais dépêche-toi donc, docteur! s'écrie Samuel. Il est sept heures et demie... et je veux revoir Héva... Or, tu sais bien que la somnambule a dit que je la rencontrerais entre sept et huit.

Ces mots décident le docteur: son sourire méphistophélique reparaît :

— Il ne faut pas une demi-heure pour tuer monsieur, dit-il.

Tout cela se passe au bord de la grande allée de Madrid, et, par miracle ! il ne passe ni un cavalier, ni un attelage de chevaux soumis au dressage.

Don Ramon n'a point perdu connaissance.

Il est mourant, mais son regard sanglant n'a point quitté Samuel.

Don Ramon veut vivre jusqu'à ce que Samuel soit mort.

Le docteur et l'ami de Singleton ont chargé les pistolets.

Les deux adversaires se placent à une distance de trente pas, et à un signal donné par le capitaine, ils marchent l'un sur l'autre.

Le regard de don Ramon, ce regard fixe et rouge comme un charbon, continue à peser sur Samuel, qui en éprouve un certain malaise.

Cependant Samuel était un joli tireur; à Heidelberg, il tuait des hirondelles au vol, avec la balle d'un pistolet de salon.

Après avoir fait cinq pas, il ajuste Singleton et tire.

Mais sa balle siffle à un pouce au-dessus du chapeau de Singleton.

L'œil de don Ramon l'a troublé.

Singleton marche à son tour; mais il ne tire pas.

Samuel a encore un coup de feu dans la main.

— Cette fois, tu es un homme mort, murmure Samuel.

Et il ajuste lentement Singleton entre les deux yeux.

Le coup part, la balle siffle et vient s'aplatir sur la crosse du pistolet que Singleton tenait à la hauteur de sa tempe.

Alors Samuel pousse un cri de rage; c'est l'œil de don Ramon, cet œil farouche attaché sur lui qui a causé cette dernière maladresse.

Cependant il s'est arrêté, et, les bras croisés, il attend...

Singleton continue à marcher, comme c'est son droit.

— Mais, tirez donc! lui crie le docteur.

— Pas encore! répond Singleton.

Et il ne s'arrête que lorsque cinq pas à peine le séparent de Samuel.

— Je suis un homme mort, murmure celui-ci. C'est fâcheux! j'aurais voulu revoir Héva.

Singleton ajuste Samuel; mais il ne fait pas feu...

— Monsieur, dit-il à son adversaire, les assassinats me répugnent. J'ai le droit de vous tuer, mais je n'en abuserai pas. Voulez-vous continuer à l'épée?...

Et il jette ses deux pistolets.

Samuel respire. Il a cru sentir la mort souffler sur son front, et la mort s'éloigne.

Singleton s'est emparé de l'épée qu'a rougi le sang de don Ramon.

— En garde! monsieur, en garde! crie-t-il.

L'œil de don Ramon brille d'une joie féroce.

Samuel, lui, a pris l'épée que tenait l'Espagnol.

Mais elles sont de même longueur, et il n'a vraiment rien à dire.

Le *capitaine* murmure entre ses dents :

— En bonne conscience, il me reviendrait un louis de plus, car c'est un troisième duel qui recommence.

Le docteur a deviné les pensées secrètes de l'hôte du café Marignan ; il se penche à son oreille et lui dit :

— Vous aurez soixante francs.

Cependant Singleton a justifié l'opinion émise la veille par don Ramon. Ce petit bonhomme, habillé comme une gravure du journal des tailleurs, tire merveilleusement.

Il a la souplesse du corps, la vitesse du poignet, la sagesse de la garde, la rapidité de l'attaque, la prestesse de la riposte, et il est de bronze.

Pas un muscle de son visage n'a tressailli ; son cœur ne bat pas plus vite.

Singleton est un héros habillé par M. Dusautoy et coiffé par Gibus.

Et cependant l'œil de don Ramon s'attache avec acharnement sur Samuel. Et cet œil jette l'épouvante au cœur de l'Allemand ; une sueur froide perle à ses tempes... il commence à rompre... moins devant l'épée de Singleton que devant ce regard qui le poursuit.

Tout à coup, il jette un cri, l'épée échappe à sa main...

Il est touché et tombe à la renverse...

Alors, seulement, l'œil de don Ramon s'obscurcit, la paupière s'abaisse, et l'Espagnol perd connaissance...

Don Ramon voulait voir tomber Samuel, Samuel qui s'était vanté de devenir l'amant de la comtesse de M..,

Maintenant, don Ramon peut mourir....

VIII

Pourtant, le soleil est monté à l'horizon ; il éclaire le bois, que poudre la gelée blanche.

Il est huit heures, et, bravant la froidure de novembre, les cavaliers arrivent pour faire le tour du lac.

Léon, le maître en dressage, attelle une paire d'irlandais, destinés au duc D... Le cocher de mademoiselle X..., du Palais-Royal, essaye un nouveau trotteur.

Le petit marquis de S..., récemment héritier, fait le tour du lac, conduisant lui-même son break à quatre chevaux.

Et Madelon, la pécheresse, qui a passé la nuit à jouer le baccarat, se promène, au sortir du bain, galopant côte à côte avec un chanteur qui monte les chevaux d'un protecteur à la chasse.

— Quel est donc ce coupé qui monte au pas l'avenue des acacias ?

Les chevaux piétinent, mais le cocher les maintient. Il leur a mis les guides en bas de la branche pour les retenir plus aisément.

Ce coupé, c'est celui de Samuel.

De Samuel, frappé d'un coup d'épée en pleine poitrine, mais vivant encore.

Et le docteur craint la moindre secousse, car cette secousse peut causer la mort de son élève.

Mais voici qu'un galop furieux, précipité se fait entendre.

Une amazone et un cavalier passent à gauche et à droite du coupé.

Le cavalier, ni le docteur, ni Samuel, qui promène autour de lui un regard égaré, n'ont pu le voir.

Mais l'amazone !...

Oh ! Samuel l'a vue, lui...

Et sa vie a failli s'en aller avec le cri qu'il a poussé.

Cette amazone qui montait un cheval arabe noir comme l'ébène, cette amazone à la jupe bleue, aux cheveux blonds, c'était Héva !...

Et Samuel, mourant tout à l'heure, a retrouvé la vie.

— Docteur ! docteur ! s'écrie-t-il.

— Quoi ? dit le docteur.

— C'est elle...

— Vous croyez ?... je n'ai pu la voir...

— C'est elle ! John, tournez bride ! ordonne Samuel, rendez la main... au bord du lac... il faut la rejoindre...

— C'est inutile, dit froidement le docteur.

— Pourquoi ?

— Parce que dans un quart d'heure vous seriez mort...

Et sur un signe du docteur, le coupé continue à se diriger vers Paris....

Et la peur de la mort a envahi Samuel... et il n'ose plus ordonner !...

IX

Elle avait passé trente nuits à son chevet, elle, la femme frêle et blonde, délicate et vaporeuse comme une première journée de printemps.

Trente nuits, pelotonnée dans un fauteuil, une mante sur les épaules, attentive, inquiète, se levant silencieuse pour écouter sa respiration oppressée, et préparant elle-même, de ses petites mains diaphanes, les potions qu'ordonnait le docteur.

Elle avait lutté contre la fatigue ; c'était elle peut-être qui avait lassé et découragé la mort qui, depuis un mois, heurtait à toute heure à la porte.

Et lui, qui devait mourir, lui que l'épée de Samuel avait traversé de part en part, il avait, peu à peu, senti la vie revenir, et son sang circuler, et son cœur battre, et sa raison renaître, sous ce regard ardent de la femme aimée.

Elle lui versait la guérison goutte à goutte, en un baiser, en un sourire...

Et comme elle lui jurait de l'aimer toujours, il avait fait le serment, lui, de ne jamais mourir.

Un jour, quand tout danger eut disparu, lorsqu'il put se mettre sur son séant, prendre ses petites mains dans la sienne, appuyer ses lèvres sur son front blanc aux veines bleues, elle lui dit :

— Je veux pourtant que tu sois vengé, mon Ramon bien aimé.

A ces paroles, il tressaillit, et sa blessure faillit se rouvrir.

— Figure-toi, poursuivit-elle, qu'*il* n'est pas mort...

— Oh! dit don Ramon, c'est impossible! Je l'ai vu tomber...

— N'es-tu pas tombé, toi aussi ?

— C'est juste.

— Eh bien ! il n'est pas mort.

Don Ramon crispa ses deux poings, et son œil eut des flammes.

— Dans huit jours, je pourrai le tuer, dit-il.

— C'est inutile.

— Pourquoi? demanda-t-il, pressentant quelque infamie féminine.

— Parce que, depuis trente jours, je te venge, minute à minute.

Et, comme il la regardait toujours, l'enchanteresse poursuivit :

— Il est guéri, il est sur pied, il a osé m'envoyer des bouquets, il ose m'écrire tous les jours.

— Oh ! hurla don Ramon.

Mais elle eut un de ces sourires qui rassurent les gens au désespoir.

— Chaque jour, dit-elle, on lui renvoie ses bouquets et ses lettres que je n'ai jamais daigné ouvrir.

Il y a huit jours, il a eu l'audace de me suivre ; il m'a vue entrer ici. Le lendemain, quand je me suis sauvé chez moi, je l'ai retrouvé dans la rue.

Il avait passé la nuit sous tes fenêtres, la rage et le désespoir au cœur.

Et tu veux le tuer, ô mon tigre ! mais on meurt une seule fois, d'un coup d'épée, et après, c'est le calme et le repos de la tombe ! tandis que je le tue tous les jours, à toute heure, et il ne ressuscite que pour mourir.

Elle disait cela d'une voix brève et sifflante, avec l'accent de la haine.

Il y avait du sang féroce dans les veines bleues et sous la peau transparente de cette femme.

Elle gonflait ses narines roses et semblait aspirer avec une âcre volupté, comme une vague odeur de carnage !...

Et don Ramon éprouva cette joie qui doit envahir les tigres quand ils voient leurs petits allonger leur premier coup de griffe ; et il eut un mot superbe :

— Tu es de mon sang ! dit-il.

Elle lui fit un collier avec ses bras demi nus, et lui noya la tête dans les flots de sa chevelure.

X

Le lendemain, Paris s'éveilla perdu dans le brouillard.

Ce brouillard d'hiver, noir dans le jour, et qui, le soir, tamise le gaz et lui emprunte des tons fauves.

Les voitures s'abstenaient de circuler; les piétons criaient gare en s'aventurant sur les trottoirs.

Pour la première fois, don Ramon avait quitté son lit.

Il s'était enveloppé dans une pelisse rapportée de ses voyages lointains, une pelisse de renard bleu qu'un boyard eût payée vingt mille roubles.

Et, les pieds sur les chenets, son premier cigare aux lèvres, il attendait...

C'était la première fois que Rachel n'avait point passé la nuit à son chevet.

Elle s'appelait Rachel, — bien que catholique et comtesse...

Et nous répondrons à ceux qui s'étonneront de ce nom hébraïque, que nous ne savons pas pourquoi il lui fut donné.

Or donc, Rachel était partie la veille au soir, brisée, anéantie.

— Peut-être dormirai-je trente heures? avait-elle dit en souriant.

Mais don Ramon avait la fatuité de l'homme aimé :

Il savait fort bien que Rachel, — nous la nommerons ainsi désormais, — ne dormirait pas et reviendrait le lendemain dès l'aube.

La comtesse était libre de ses actions et de sa personne, bien qu'elle eût un mari.

Un divorce à l'amiable s'était opéré entre eux le lendemain de la naissance d'une petite fille blonde, qui avait maintenant quatre ans.

La comtesse avait dit à son mari :

— Monsieur, le mariage, je le vois, n'a rien de commun avec l'amour. Vous m'avez épousée à seize ans. J'étais belle et j'avais deux millions de dot, ce qui vous a permis de payer vos dettes et ce qui vous permet encore d'entretenir convenablement une maîtresse de trente-huit ans, dont vous êtes amoureux fou. Ceci n'est point un reproche, mais la base d'un traité. Je vous offre mon amitié en échange de ma liberté.

Le comte avait trente-neuf ans, il était gros, aimait les truffes et se souciait peu d'une femme de dix-huit ans. Il avait trop vécu pour ne point adorer l'expérience.

Il retourna à son club, à ses trotteurs et à sa maîtresse.

Ceci explique pourquoi madame la comtesse de M..., cette Rachel blonde avec des yeux noirs, avait pu veiller son cher don Ramon pendant trente nuits.

Donc, le brouillard estompait les toits, enveloppait les cheminées, et faisait ressembler Paris à un homme qui prend un bain de vapeur.

Et cependant, bien qu'il fût à peine huit heures, une femme trottait à pied par les rues, traversait le boulevard et allait atteindre la porte de don Ramon, lorsqu'une silhouette d'homme se dessina devant elle au milieu de la brume.

Rachel étouffa un petit cri.

L'homme s'approcha.

— Madame la comtesse de M...? dit-il.

— Vous! fit-elle.

Et dans ce seul mot, il y eut trente jours de haine et de fureurs inassouvies.

Cet homme qui abordait Rachel, c'était Samuel.

Le baron Samuel Kloss, l'audacieux Allemand, le *viveur* effronté qui paraissait ne plus se souvenir du coup d'épée de Singleton, tant il était ferme et droit sur ses jambes.

Il est des audaces qui plaisent aux femmes, à moins qu'elles ne les puissent punir de mort.

Rachel recula, pleine de stupeur d'abord ; — et puis elle regarda cet homme et lui dit :

— Monsieur, vous avez osé lever les yeux sur moi, vous m'avez écrit.... et je ne vous ai point châtié encore. Eh bien! comme l'heure de l'expiation est venue pour vous, je vais vous répondre.

Samuel ne se déconcerta point :

— Je vous aime, dit-il.

Elle eut un rire à le faire pleurer.

— Savez-vous où je vais? dit-elle.

— Oui, chez *lui*, mais vous n'irez pas...

Elle le toisa des pieds à la tête.

— On ne m'a jamais enlevée ! dit-elle.

— Non, et je n'ai pas l'intention d'essayer.

— Place ! fit-elle avec hauteur, ou j'appelle le valet de chambre de don Ramon et vous fais assommer par lui.

— Madame, dit froidement Samuel, qui s'effaça, je ne m'oppose pas à ce que vous montiez chez don Ramon, mais je vous conseillerai d'aller mettre des habits de deuil, car vous êtes veuve depuis une heure !

Cette fois, les rôles changèrent.

La comtesse pâlit et recula frémissante. — Un sourire diabolique vint aux lèvres de Samuel.

Elle se méprit à ce sourire et s'écria :

— Ah ! vous l'avez tué !

— Moi ? dit-il, allons donc ! c'était mon ami... Je lui ai gagné mille louis la nuit dernière, et puis, je ne me charge pas de la besogne de l'apoplexie.

La comtesse jeta un nouveau cri et comprit tout.

Son mari était sanguin, il mangeait beaucoup... le froid l'avait saisi sans doute au sortir d'un souper.

Et Rachel se sauva chez don Ramon, mais pas assez vite pour qu'elle n'eût le temps d'écouter ces paroles sardoniques que lui jeta Samuel :

— Ne le pleurez pas !... car il est mort chez sa maîtresse... et ce sera un joli scandale.

. . . .

Rachel était à moitié folle quand elle entra chez don Ramon.

En trois mots, celui-ci eut tout appris.

Et, comme de tous les égoïsmes, le plus impie est celui de l'amour, don Ramon eut un élan de joie et se mit à genoux, disant :

— Oh ! vous serez donc ma femme !

Rachel eut peur de ce mot, elle s'enfuit !

XI

De hautes influences ont été mises en jeu. Il fallait à tout prix sauver les apparences, et les apparences ont été sauvées.

Le comte de M..., mort, a été, sans bruit, transporté de chez sa maîtresse, dans un fiacre, jusqu'à son hôtel.

Puis, les journaux du soir ont annoncé que le comte de M... avait été, en sortant de son cercle, frappé d'une attaque d'apoplexie.

Les funérailles ont eu lieu.

Madame la comtesse de M... est seule dans son hôtel.

Elle réfléchit et médite.

Non qu'elle songe au défunt !...

Le défunt a comblé la mesure des infamies qu'une femme peut reprocher à l'homme dont elle porte le nom.

Mais elle songe à Samuel.

Il n'y a rien de sacré pour cet homme, qui a fait une mascarade de l'enterrement de son père.

Il ne respecte ni la mort ni la douleur.

Il va droit à son but.

Son but, c'est la comtesse.

Or, le soir même des funérailles de son mari, Rachel a reçu le billet suivant :

« Je vous aime, et vous êtes veuve. J'ai 200,000 livres de rente, et vous tout autant. Que penseriez-vous d'un bon mariage entre nous ? »

Elle voulait renvoyer ce billet sans l'ouvrir, comme les précédents ; la curiosité l'a emporté.

Elle a lu.

Don Ramon avait raison : la comtesse Rachel est de son sang.

C'est-à-dire qu'elle a un cœur pétri d'amour et de haine.

— Cet homme mérite un châtiment, se dit-elle.

Et, prenant la plume, elle écrit à Samuel :

« Monsieur le baron,

» Il ne m'est pas possible de répondre à votre lettre autrement que par une modeste invitation.

» Voulez-vous me faire l'honneur d'accepter demain, vers neuf heures, une tasse de thé chez moi. »

Elle a écrit ce billet de cette écriture fine, régulière, allongée qui dit si bien l'indifférence de la femme pour celui à qui elle écrit.

Et quand cette lettre est partie, elle en écrit une seconde.

Celle-là est adressée à don Ramon.

« Mon ami,

» Ce n'est pas vous qui tuerez le baron Samuel, c'est moi.
» Comment?
» C'est mon secret.
» Et de peur qu'il ne vous prenne fantaisie de le vouloir pénétrer, je vous annonce que vous ne me verrez pas demain vendredi, mon valet de pied ira prendre de vos nouvelles le matin.
» Peut-être, vers minuit, me risquerai-je chez vous.
» Adieu, je vous aime.

» RACHEL. »

XII

L'intérieur du baron Samuel est une petite maison située dans le faubourg du Roule, à l'angle de la rue de Berry.

Il l'a louée toute meublée.

Son domestique se compose d'un valet de chambre, d'un cocher et d'un groom.

Il dîne au cabaret.

Il a sous remise un coupé et un phaéton ; dans son écurie, deux trotteurs et deux chevaux de selle, un pour lui, l'autre pour son ami le docteur.

Nous sommes au vendredi soir.

Samuel achève sa toilette et murmure :

— Ce satané docteur! il ne rentrera donc pas?

Mais un coup de cloche a retenti dans la cour ; la porte cochère s'est ouverte, un coupé est entré, un homme en est descendu.

C'est le docteur.

Le docteur arrive, essoufflé, dans le cabinet de toilette de Samuel.

— Eh bien ? eh bien ? demande celui-ci avec impatience.

— Rien, dit le docteur.

— Comment ! rien ?

— Absolument rien.

Samuel achève de nouer sa cravate ; puis il s'assoit et regarde son médecin :

— Voyons, mon ami, dit-il, entendons-nous : le jour où j'ai reçu mon coup d'épée, nous avons rencontré Héva.

— En êtes-vous bien sûr ?

— Très sûr. Je l'ai reconnue, je voulais la suivre, vous me l'avez défendu sous peine de mort.

— Et j'ai eu raison.

— Soit. Mais, le lendemain, quand j'ai pu parler, je vous ai dit : Il faut que vous me retrouviez Héva ! Et vous me l'avez promis...

— C'est vrai. Mais à l'impossible nul n'est tenu, et j'ai vainement fouillé Paris.

— Mais cette fille blonde, avec une amazone bleue et un cheval noir, que mon valet de chambre a encore vue ce matin, et qui demeure dans l'avenue des Champs-Elysées, ce n'est donc pas elle ?

— C'est une Anglaise.

— Son nom ?

— Miss Hogarth.

— Et elle ne ressemble pas à Héva ?

— Aucunement.

— Alors, soupire Samuel, c'est bien Héva que j'ai vue. Héva est à Paris !

— C'est possible, mais elle est introuvable !

— Eh bien ! je la trouverai, moi !

Un mauvais sourire revient aux lèvres de Samuel.

— A propos, dit-il, vous savez où je vais?

— Non.

— Chez la comtesse.

Le docteur est étonné, Samuel lui met sous les yeux le billet qu'il a reçu.

Mais le docteur fronce le sourcil.

— Ne craignez-vous pas un piége? dit-il.

— Allons donc !

Et Samuel hausse les épaules et achève de mettre ses gants, disant froidement :

— En attendant que nous retrouvions Héva, je vais m'occuper de la belle maîtresse de don Ramon. Cette femme me haïssait trop hier encore pour ne point m'aimer aujourd'hui ou demain.

— Ainsi, dit le docteur, vous allez à ce rendez-vous ?

— Certainement.

Samuel sonne et demande sa voiture.

— Ne pourriez-vous m'emmener ? demanda le docteur.

— Vous êtes fou ! ricane Samuel.

Et il descend en fredonnant un air allemand, arrive dans la cour de l'hôtel, monte en voiture et dit au valet de pied :

— Rue d'Anjou, 72.

C'est là qu'est l'hôtel de la comtesse.

XIII

Cependant, Rachel attend.

Le noir lui sied à ravir. Elle est plus belle que jamais dans ses habits de deuil, et si don Ramon était ici, il se mettrait à genoux.

Mais ce n'est pas don Ramon que Rachel attend.

Elle attend l'homme qu'elle hait et dont elle a juré la perte, cet insolent baron Samuel qui croit que tout s'achète, même le cœur de la femme qui n'a pas besoin de se vendre.

Et Samuel arrive.

Il porte la tête haute; un fier sourire entr'ouvre ses lèvres; il a la démarche d'un conquérant.

La comtesse lui tend sa main à baiser et lui indique un siége.

— Monsieur, lui dit-elle, quand l'audace d'un homme atteint à la folie, elle est héroïque ou devient digne de pitié. Ainsi donc, vous m'aimez ?

— A piller, voler et assassiner pour vous, répond Samuel.

Le sourire de Rachel n'a point disparu.

— Et vous voulez m'épouser ? dit-elle.

Samuel se laisse glisser à genoux sur le coussin de moquette que la comtesse a placé sous ses pieds.

— Je préférerais, dit-il, faire de vous ma maîtresse.

Rachel ne s'est point irritée de ce mot insolent; bien au contraire, elle continue à sourire et répond à Samuel :

— Si je venais à vous aimer, je ne voudrais pas être votre femme.

Samuel couvre sa main de baisers; il chante le premier couplet de cette adorable chanson de l'amour, qui change d'air tous les jours, mais dont tous les airs se ressemblent.

Il devient éloquent, pressant, hardi surtout.

Alors elle se lève, lui glisse des doigts comme une couleuvre, et lui dit en souriant toujours :

— Mais, monsieur, mes gens sont tous levés, et vous êtes entré chez moi par la grand'porte !

Samuel se mord les lèvres de dépit; mais il répond aussitôt :

— Veuillez me pardonner, madame, car je suis un maladroit. J'aurais dû entrer par la fenêtre.

Et Samuel se lève et va appuyer son front à la vitre d'une croisée.

La croisée donne sur un grand jardin qui s'étend jusqu'à la rue de l'Arcade. Un coup d'œil à travers la nuit a suffi à Samuel.

— C'est bien, dit-il, je reviendrai à minuit.

— Monsieur !...

— Le sourire, qui n'abandonne point vos lèvres, me dit que je suis dans le vrai. Au revoir !...

Et Samuel ose prendre un baiser sur le cou de cygne de la comtesse, et sort.

. . . .

Lorsqu'il est parti, un éclair de haine jaillit des yeux noirs de Rachel :

— J'ai, murmure-t-elle, lu un roman de Frédéric Soulié qui s'appelle les *Mémoires du Diable*. Il y a un joli dénoûment de chapitre. C'est un homme qui escalade, la nuit, la croisée d'une femme; au moment où il en atteint l'entablement, quelque chose de froid, comme un anneau de fer, s'appuie sur son front...

C'est très saisissant !.....

Et la comtesse ouvre un petit meuble en bois de rose et y prend une boîte allongée, incrustée de nacre et de cuivre, dans laquelle se trouvent deux pistolets de salon à crosse d'ivoire.....

XIV

La belle comtesse Rachel de M... réfléchissait.

Ses réflexions pouvaient se traduire ainsi :

— J'appartiens à une grande famille ; je suis fort riche, et ma situation personnelle me met à l'abri du soupçon. Si un homme est assez osé pour escalader, la nuit, le mur de mon jardin, puis se hisser jusqu'à la fenêtre de ma chambre à coucher, évidemment, il me place dans un cas de légitime défense.

Je casse la tête à cet homme d'un coup de pistolet, — avec un pistolet de salon dont la balle est moins grosse qu'une noisette, et qui est, après tout, la seule arme que j'aie chez moi.

Si cet homme venait chez moi pour voler, le commissaire de police me complimentera.

S'il y venait pour attenter à mon honneur, le monde applaudira mon énergie.

Donc, attendons...

Ce dernier mot était l'arrêt de mort du baron Samuel Kloss.

Le jardin était vaste. Le mur qui le séparait de la rue de l'Arcade avait dix pieds de haut et était garni d'un rideau de peupliers.

Rachel calcula que Samuel attendrait minuit; qu'à cette heure, il ferait appliquer ou appliquerait lui-même une échelle contre le mur, et se glisserait à pas de loup jusque sous sa croisée.

La croisée du boudoir était à deux mètres du sol. Une vigne grimpante permettrait à Samuel de grimper presqu'à l'entablement.

Donc, Rachel attendit...

Mais, comme minuit approchait, la cloche de la grand'-porte de l'hôtel se fit entendre.

La comtesse éprouva quelque émotion.

Qui donc pouvait la venir voir à pareille heure.

Un valet entra.

Il portait un plateau à la main. Sur ce plateau était une lettre.

La comtesse reconnut l'écriture de don Ramon, et attendit que le valet se fût retiré pour briser le cachet de cire bleue. Mais, presque au même instant, il se fit un léger bruit dans le jardin.

— Voilà Samuel! pensa la comtesse.

Elle glissa la lettre dans son sein, remettant sa lecture à plus tard.

Puis elle souffla sa bougie, et son boudoir se trouva plongé dans l'obscurité.

Le bruit, faible d'abord, augmenta et grandit. Des pas criaient sur le sable des allées.

Puis ces pas s'arrêtèrent tout près de la croisée.

Alors, la comtesse vit une forme noire se dessiner dans les ténèbres.

En même temps, une voix arriva jusqu'à elle.

Une voix étouffée, comme un souffle de vent dans les arbres, comme le soupir d'un mourant.

Cette voix murmurait un nom :

— Rachel !

— Me voilà, répondit tout bas la comtesse.

La forme noire s'élança alors vers le mur, enlaça un pied de vigne sauvage et se mit à grimper jusqu'à l'entablement de la croisée.

En ce moment, le bras parfumé de la comtesse prit la tête de Samuel.

En même temps aussi, l'Allemand surprit quelque chose de froid qui s'appuyait sur son front.

Puis un éclair se fit.

Et, après l'éclair, une petite détonation pareille à celle d'une capsule.

Et le bras blanc de Rachel se distendit, et Samuel tomba inanimé sous la croisée...

. . . .

— Je crois que don Ramon est vengé ! murmura tranquillement la comtesse de M...

Son calme ne se démentit pas.

Elle ferma sa croisée et ralluma les flambeaux placés sur la cheminée.

Le pistolet de salon avait fait si peu de bruit que nul dans l'hôtel ne l'avait entendu. D'ailleurs, il était minuit, et, un lendemain de funérailles, il est convenable de se coucher de bonne heure.

Donc tout le monde était couché, même la femme de chambre de la comtesse.

Rachel, ayant rallumé les flambeaux, alla s'asseoir au coin du feu et rompit enfin le cachet de la lettre de don Ramon.

L'Espagnol écrivait :

« Mon ange adoré, je suis, depuis hier, possédé d'une joie criminelle, impie : pardonnez-moi...

» Depuis deux jours vous êtes libre, et depuis deux jours j'ai fait mille rêves.

» Des rêves de bonheur sans relâche, de félicité sans trêve.

» Toi et moi, c'est-à-dire l'univers.

» Je veux vous dire mon histoire, ô ma tigresse ! J'ai été roi.

» Oui, parole d'honneur ! roi...

» Un vrai monarque avec une cour, des sujets, un palais et des gardes du corps.

» Roi, pendant huit jours, d'une république de l'Amérique du Sud.

» J'ai signé des arrêts de mort, et j'ai fait grâce de la vie à des gens dont la vie était un danger pour moi.

» Une révolution m'a renversé.

» J'ai été condamné à mort. L'heure de mon supplice allait sonner. On m'a sauvé, ou plutôt je me suis sauvé, en sautant d'une hauteur de cent pieds dans la mer.

» Mais j'ai laissé là-bas un parti dévoué, des amis fidèles.

» Ils ont combattu, ils ont lutté et viennent de triompher...

» Le pouvoir est à eux, — c'est-à-dire à moi.

» J'ai reçu ce matin des lettres qui me rappellent.

» On m'a de nouveau proclamé, — je suis toujours roi !...

» Comprenez-vous?

» Comprends-tu cela, ma bien-aimée ? je suis roi ! c'est-à-dire que je vais t'épouser... que tu seras ma femme et que nous régnerons !

» Tandis que je t'aimais, on m'a reconquis un sceptre.

» Mon royaume est là-bas, sous ces latitudes qui avoisinent la terre de feu.

» Au loin, à l'horizon, dans la brume bleue du matin, se dressent les pics décharnés de la savane.

» Dans la plaine, pointent les clochers, blanchissent les villas, s'étalent les bourgs et les villes.

» Et la plaine est verte, touffue, arrosée par des ruisseaux qui ressemblent aux fleuves d'Europe.

» Les chevaux sauvages y bondissent par centaines; les buffles marchent par troupeaux.

» Le jour où il me plaira de faire un signe, tu verras accourir les tribus indiennes, parées de plumes rouges et tatouées de bleu, de jaune et de noir.

» Ils se prosterneront devant nous ; — devant moi, le fils des hidalgos, les premiers maîtres de ce nouveau monde ; — devant toi, la femme pâle, éclose sous un soleil sans rayons, et dont, cependant, le sourire embrase les cœurs.

» Ainsi donc, tu vas être reine !

» Oh ! que me fait à présent Paris et son bruit ridicule !

» Que m'importe ! qu'il vive ce petit être prétentieux qu'on nomme Samuel?

» Je suis roi !... »

Ici, la comtesse interrompit sa lecture.

— Hé ! dit-elle, qu'est-ce que cela me fait qu'il soit roi ?

Puis elle continua :

« Là-bas, sous l'équateur, je me nomme Ramon Ier; tu t'appelleras la reine Rachel...

» Faites vos apprêts, madame; vendez votre hôtel ou donnez-le, réalisez ou abandonnez votre fortune. Nous partons dans huit jours...

» Un navire, frété par mes sujets, attend ses souverains au Havre... »

A ces derniers mots, la comtesse froissa la lettre et la jeta au feu.

— Cet homme est fou! murmura-t-elle.

Alors il lui vint comme une perle de la mer indienne, une perle blanche et nacrée, transparente, et qui brillait de toutes les couleurs du prisme au bord de ses cils.

C'était une larme qui refléta un moment l'éclat des bougies, puis tomba, brûlante, sur la main d'enfant de la comtesse.

— Oh! cet homme est heureux! dit-elle...

Et puis, elle s'anéantit en un silence farouche, et une seconde larme suivit la première. Quand une femme pleure, elle est sur la limite extrême qui sépare le désespoir de l'espérance, l'abattement d'une résolution sublime d'énergie.

Rachel s'éveilla.

C'est-à-dire qu'elle secoua la torpeur morale où l'avait plongée son amour pour don Ramon.

— Comment! murmura-t-elle, en s'apercevant dans la glace voisine, cet homme a l'audace de m'offrir un trône en Amérique? A moi qui suis reine ici?

Reine par la beauté, par l'esprit, l'élégance, la fortune?

Moi, devant qui Paris s'agenouille? Mais cet homme est fat, insolent et lâche!

Cet homme m'insulte! il m'outrage... il ose me proposer d'aller régner sur ses sauvages, quand j'ai le monde civilisé à mes pieds.

Et Rachel eut deux éclairs dans les yeux à faire sauter la sainte-barbe d'un navire.

Puis elle prit son front à deux mains, rêveuse et comme poursuivie par un remords :

— J'ai eu tort de tuer Samuel, dit-elle.

Ce regret était un aveu; — l'aveu impliquait un doute.

Le doute, un espoir.

Elle alla rouvrir cette fenêtre, insolemment fermée par elle, après que Samuel, frappé d'une balle au front, fut retombé inerte sur le sol du jardin.

Puis elle se pencha et regarda.

La nuit était noire; il y avait au ciel comme une voûte de nuages noire et plombée qui ne laissait pas arriver sur la terre le scintillement des étoiles.

Cependant, si noire que fût la nuit, Rachel vit en bas, sur la terre glacée, quelque chose d'immobile et de plus noir encore.

C'était le corps de Samuel.

O les audaces de la femme! ô ses curiosités étranges!

Elle fut prise, elle le blond assassin, le meurtrier au divin sourire, d'un désir ardent de contempler son œuvre de destruction !

Cet homme était-il mort? respirait-il encore?

Rachel voulut le savoir.

Un silence profond régnait dans l'hôtel, tout dormait, et l'obscurité était profonde.

La comtesse sortit de son boudoir; elle passa dans le

salon voisin, puis ouvrit une porte-fenêtre qui donnait sur un escalier.

Cet escalier descendait au jardin.

La nuit était calme ; — aucun souffle de vent n'agitait les feuilles des arbres.

Le flambeau que portait la comtesse ne s'éteignit pas.

Elle descendit au jardin et revint sous la fenêtre du boudoir.

Samuel gisait à terre.

Rachel le vit à la lueur du flambeau qu'elle avait à la main.

L'Allemand était immobile, son visage était inondé du sang qui sortait goutte à goutte par un trou rond qu'il avait au milieu du front.

Était-il mort ?

Vivait-il encore ?

D'abord la comtesse recula effrayée, le cœur serré.

Elle avait mal aux cheveux, et ses tempes se mouillaient.

Puis, comme si le terrible adage « *ce que femme veut, Dieu le veut !* » l'eut poussée, elle revint, elle s'approcha, elle voulut être sûre...

Et d'abord elle se pencha.

Puis elle s'agenouilla...

Puis sa main s'étendit... sa petite main rose et blanche, aux ongles d'ivoire...

Et cette main toucha ce corps inerte, qui n'était peut-être qu'un cadavre.

Et sa main s'appuya sur le cœur...

Sur le cœur de ce corps, homme ou cadavre.

Soudain Rachel jeta un cri.

Le cœur battait...

Il battait faiblement, mais il battait.

Ce qui se passa alors, un poëme tout entier suffirait à peine à l'analyser.

Elle posa son flambeau à terre ; — puis, avec son mouchoir, elle essuya ce visage ensanglanté.

Puis elle osa mettre son doigt dans ce trou béant.

Le trou n'avait pas de profondeur.

La balle, en rencontrant l'os frontal, avait fait le tour, glissé entre le cuir chevelu et le crâne.

Le sang coulait, mais la blessure n'était point mortelle.

. . . .

XV

Lorsque Samuel revient à lui, il est couché dans un lieu inconnu.

Meubles de Boulle, tapis aux tons chauds et harmonieux, murs tendus de soie, lit capitonné, étagères chargées de mille fantaisies ruineuses, rien n'y manque !

C'est la chambre à coucher d'une femme, — la chambre aux parfums discrets et mystérieux, le sanctuaire à la porte duquel on attend sans doute bien longtemps.

Comment donc le baron Samuel Kloss y est-il entré ?

Les premiers rayons du jour glissent à travers les rideaux et mélangent leur clarté indécise aux reflets rouges du foyer.

Une veilleuse brûle encore sur la cheminée; sur le guéridon placé à la portée de sa main est une tasse d'un breuvage inconnu.

Et la chambre est déserte.

Où donc est Samuel?

L'Allemand cherche à rassembler ses souvenirs.

Tout à coup il s'aperçoit que des bandelettes serrent son front.

Il y porte sa main et ses doigts se mouillent... C'est du sang !

Alors, Samuel se souvient.

Il se souvient qu'il a escaladé le mur du jardin de la comtesse ; puis, qu'il s'est hissé jusqu'à la croisée.

Puis, il a éprouvé une sensation étrange, en même temps qu'il entendait un bruit insolite.

La comtesse l'a assassiné...

Mais on n'est pas né impunément dans ce pays brumeux, qu'on nomme la Germanie.

Et impunément on ne s'est point nourri des légendes de la Forêt-Noire et des chants du poëte Hedlig.

Samuel qui s'endort sceptique, se réveille parfois superstitieux.

Et Samuel se demande à cette heure, s'il n'est pas réellement mort et s'il n'a pas abandonné la terre pour le pays des âmes....

Heureusement, une porte s'ouvre.

Elle tourne sans bruit sur ses gonds, et un pas léger effleure le tapis.

Samuel étouffe un cri de surprise.

C'est la comtesse Rachel qui entre.

Elle entre sur la pointe du pied, pâle, émue, anxieuse.

Telle elle devait être, en veillant au chevet de l'Espagnol don Ramon.

Et comme Samuel la regarde fixement, elle s'arrête.

On dirait qu'elle tremble et n'ose venir jusqu'à lui.

Mais elle est si belle, avec sa pâleur, ses cheveux dénoués, et son regard fiévreux, et ce négligé du matin qui atteste les angoisses de la nuit, que Samuel a tout deviné.

Le baron comprend vite et bien, — et vite, il formule nettement sa pensée.

— Comtesse, dit-il, vous m'avez tendu un piége, hier, et vous m'avez assassiné. Mais, de la haine à l'amour, il n'y a que l'épaisseur d'un de vos cheveux d'or, et vous m'aimez aujourd'hui.

A son tour, la comtesse pousse un cri; et la voilà assise dans un grand fauteuil, tenant dans ses petites mains la main de Samuel....

Et le temps s'écoule, et tous deux, ils ont oublié don Ramon;

Don Ramon, à qui la comtesse a écrit, une heure auparavant, cette lettre bizarre, qu'un valet de pied a portée en hâte.

« Sire,

» Car c'est bien le titre que je dois vous donner maintenant, puisque vous êtes remonté sur votre trône; sire, pardonnez à la plus humble de vos sujettes d'oser vous parler franchement.

» Je ne suis point de cette substance humaine superfine, comme dirait un chocolatier, de laquelle on tire les rois et les reines.

» Pauvre fille de bonne maison, je suis à peine de noblesse honorable, et le sceptre serait trop lourd pour ma main.

» Ensuite, je vous avouerai en toute humilité que je suis sujette au mal de mer.

» La pensée que j'aurais à faire une traversée de cinq mois pour aller prendre possession de la couronne que vous m'offrez suffit à me causer de violentes nausées.

» Enfin, je n'aime pas le soleil; il flétrirait mon teint de lis, auquel j'ai la faiblesse de tenir, et, avant trois mois, j'aurais acquis une belle couleur cuivrée à faire envie aux mulâtresses.

» Donc, vos propositions ne sont pas acceptables.

» Par conséquent, je les refuse.

» Et comme je ne veux point m'exposer à quelques-unes de ces scènes de jalousie violente dont vous possédez le secret, je ne vous cacherai pas que je quitte Paris à l'instant même.

» Adieu, cher, régnez en paix.

» Rachel. »

Cette lettre partie, Rachel est venue s'asseoir au chevet de Samuel.

Et ils ont uni leurs mains et leurs lèvres; et de la haine à l'amour, la comtesse a passé sans hésitation.

— Pauvre ami, dit-elle, j'ai failli vous tuer !

Alors elle raconta à Samuel ses remords subits, ses angoisses, ses terreurs.

Seule avec sa femme de chambre, elle a eu le courage de le transporter dans cette chambre.

Là, aidée par elle, elle l'a pansé et mis au lit.

Enfin, un valet est allé chercher un médecin. Le médecin est venu; il doit revenir dans la matinée.

— C'est un vieillard, dit la comtesse, mais j'ai en lui la plus grande confiance ; il me fait l'effet d'un puits de science.

— Madame, dit une voix jeune et fraîche, tandis qu'un bras blanc aux attaches robustes soulève une portière de velours, c'est le médecin.

— Qu'il entre, répond la comtesse.

Et le médecin entre, en effet.

C'est un vieillard, un vieillard de haute taille, vert encore, et dont l'œil est plein de feu.

Il est vêtu de noir, et, comme tous ses confrères, il porte une cravate blanche.

Il salue profondément la comtesse et s'approche du lit.

Mais soudain Samuel pousse un cri :

— Mon père! dit-il.

Cet homme, vêtu de noir et cravaté de blanc, ressemble au roulier de *la Licorne*, au courrier du grand-duc, au valet que Samuel chargea de sa missive pour Deborah la juive....

Il ressemble, en un mot, à feu l'acteur Kloss, qui repose et dort son dernier sommeil dans la chapelle mortuaire de Kurbsteinbourg.

— Mon père! répète Samuel épouvanté, tandis que la comtesse le regarde avec stupeur.

Mais le médecin, impassible, se tourne vers la comtesse et lui dit :

— Il y a un peu de fièvre, et la fièvre occasionne un léger délire. La preuve en est que ce pauvre jeune homme me prend pour son père, — moi qui me nomme le docteur Sarrazin, moi qui suis né à Brie-Comte-Robert et exerce ma profession à Paris, rue de Lille, 39, depuis quarante-trois ans.

Et comme Samuel, hébété, continuait à le regarder, le docteur ajouta :

— En outre, je suis veuf et n'ai jamais eu d'enfants....

XV

Les premiers baisers du vent d'avril caressent les arbres en fleurs; les prés sont verts; Paris est joyeux.

Le baron Samuel court au bois.

Il conduit son grand phaéton qu'emportent deux *steppeurs* d'outre-Manche. Le docteur est à ses côtés.

Derrière lui, deux grooms en livrée blanche, à retroussis cerise, croisent indolemment leurs bras.

Il est deux heures de l'après-midi.

Le docteur est silencieux; Samuel est pâle, son œil bleu est mélancolique, et le sourire railleur, qui lui donnait un cachet satanique, a fui ses lèvres.

— A quoi pensez-vous donc, mon maître? demande enfin le docteur.

— A *elle,* répond Samuel.

Et, cette fois, il n'y a ni ironie dans sa voix, ni expression moqueuse dans son regard.

Samuel aime.

Il aime passionnément, avec fureur, avec folie.

Le démon aux cheveux blonds et à l'œil noir s'est emparé de son âme, il l'a absorbée tout entière; il en a fait sa proie comme le vautour des flancs de Prométhée.

— Ah! ricane le docteur, vous pensez à elle?

— Oui.

Ce bonhomme que, jadis, Samuel traitait de pélican, ce médecin au rire méphistophélique, hausse alors les épaules.

— Écoutez, mon maître, dit-il, vainement vous me cacheriez la vérité.

— Plaît-il? fait Samuel.

— Vous aimez la comtesse, donc vous avez un cœur. Ceci est d'une logique à émerveiller M. de la Palisse lui-même.

— Eh bien?

— Eh! vous n'êtes pas complet. Voilà mon opinion.

— Eh! que m'importe?

— Je suis médecin, voyez-vous, et je m'aperçois, trop tard, hélas! que j'ai fait une étude insignifiante. Je croyais avoir affaire à un homme sans cœur. Ce singulier cas me plaisait, me séduisait, irritait mon amour de la science, excitait mes appétits de philosophe.

— Ah! dit Samuel.

— Et voici que vous vous laissez prendre un beau matin; que, par entêtement d'abord, par vanité ensuite, vous enlevez Rachel à don Ramon.

Samuel essaye de redevenir l'homme d'autrefois, un sourire effacé glisse sur ses lèvres :

— Ce pauvre don Ramon ! dit-il.

— Oui, reprend le docteur; mais, à cette heure, je voudrais savoir si don Ramon n'est pas plus heureux que vous. Il a voulu se tuer d'abord, puis il a préféré être roi en Amérique. C'est un suicide plus doux.

— Croyez-vous donc qu'il soit parti, docteur ?

— Depuis trois mois.

— Et il ne reviendra pas?

— Non.

Samuel respire.

— Tenez, mon maître, dit le docteur en riant, je vais vous dire ce que vous pensez.

— Bah!

— Vous avez peur de don Ramon. Peut-être que si don Ramon revenait, Rachel...

— Taisez-vous, docteur!

— Eh bien! rassurez-vous... il ne reviendra pas.... Rachel ne le reverra jamais...

— Ah! docteur...

— Donc, vous n'avez plus aucune bonne raison d'aimer Rachel.

Samuel penche la tête sur sa poitrine et ne répond rien.

Cependant le léger équipage a descendu rapidement l'avenue de l'Impératrice ; il gagne le lac et prend sur la gauche, où déjà se presse la foule élégante. Samuel ne vient au bois que pour y rencontrer Rachel.

Rachel plus belle que jamais dans ses habits de deuil, et autour de qui papillonnent les trois cents gandins titrés et millionnaires qui veulent faire une fin.

Tout à coup Samuel étouffe un cri.

Puis une pâleur livide gagne son visage.

— Qu'avez-vous ? demande le docteur.

Et il suit du regard la main de Samuel.

Celui-ci a vu la voiture de Rachel, qui fait, au pas, le tour du lac.

C'est un landau de chez Erlher, à caisse bleue, à train jaune paille, attelé en demi-daumont et conduit par deux jockeys en veste rayée bleu et blanc.

Le landau est vide.

Mais la comtesse se promène sur l'allée sablée, suivie à distance par son valet de pied.

Un jeune homme, le chapeau à la main, marche à côté d'elle.

Ils causent familièrement ; il est empressé ; la comtesse sourit.

C'est eux que Samuel montre au docteur.

— Voyez ! dit-il, avec rage.

Le jeune homme qui cause avec la comtesse Rachel de M... n'est autre que Singleton.

Singleton, ce petit gandin ridicule qui est brave comme Turenne et a fait un fourreau à son épée de la poitrine de Samuel.

Or, Samuel le hardi, Samuel l'impie et le brave, a peur de Singleton.

La vue seule du petit bonhomme lui fait froid au cœur.

Pour un empire, Samuel ne voudrait recommencer à croiser le fer avec lui.

— Hé ! hé ! ricane le docteur, ils ont l'air fort bien ensemble. Qu'en pensez-vous, maître ?

Samuel écume de rage ; mais il n'ose jeter les rênes à l'un de ses grooms ; il n'ose mettre pied à terre et aborder la comtesse.

Tout au contraire, il rend la main à ses trotteurs et passe rapidement à travers les voitures.

Cependant il a salué la comtesse.

Rachel a détourné la tête et lui a rendu son salut.

Mais il y avait de l'ironie dans son sourire, de l'indifférence dans son regard.

Samuel est rentré chez lui tout troublé. Pendant le trajet, il n'a pas desserré les dents, et le docteur n'a eu garde d'interrompre sa rêverie.

Le fils du comédien s'est enfermé chez lui dans son cabinet, et là, pensif, la tête dans ses mains, il s'est abandonné à ces suppositions jalouses, à ces colères sourdes qui sont l'escorte de la passion.

— Oui, murmure-t-il, cette femme que j'ai prise comme un jouet, je l'aime à présent... je l'aime à en mourir... moi qui ai raillé l'amour, l'amitié, la vertu...

Mon père avait-il raison ? et le vice aurait-il donc son châtiment tôt ou tard?

Depuis trois mois, j'ai l'existence d'un damné. Je pleure comme une femme quand je la quitte pour quelques heures; j'éprouve des joies d'enfant lorsque je vais la revoir.

Et les figures étranges qui traversent ma vie, ou plutôt, non, cette éternelle figure de mon père mort qui se reproduit à l'infini devant moi !

Tantôt c'est un roulier, puis un médecin, quand ce n'est pas un valet.

Et certes, je ne puis m'y méprendre, ces hommes divers, se ressemblant tous, n'ont rien de commun avec mon père.

Le docteur Sarrazin est bien le docteur Sarrazin; il habite Paris depuis quarante ans. Tout le monde le connaît dans la rue de Lille.

L'autre docteur, mon ami, mon âme damnée plutôt, prétend que je suis fou...

Il doit avoir raison, et c'est mon imagination frappée qui me fait retrouver mon père chaque fois dans ces inconnus qui traversent mon existence.

Tandis que Samuel parle ainsi, on frappe discrètement à sa porte.

C'est le docteur.

— Entrez, docteur, dit Samuel qui n'a point remarqué tout d'abord le changement que le bonhomme a opéré dans sa toilette. En effet, le docteur a dépouillé l'enveloppe parisienne.

Il a quitté le pardessus jaune et le pantalon gris de l'homme qui va au bois, pour reprendre la culotte collante et la longue redingote bleue d'un bon habitant de Manheim ou de Stuttgard.

Il porte des bottes fourrées, et, sous son bras une couverture de voyage roulée et serrée par une courroie à poignet.

— Hein! s'écrie Samuel, où allez-vous donc?

— Je pars.

— Vous partez?

— Oui, je retourne en Allemagne.

— Mais vous êtes fou!

— Nullement.

Samuel croit rêver.

— Voyons, mon bon docteur, dit-il, expliquez-vous.

— C'est facile.

Et le docteur s'asseoit.

— Mon cher maître, dit-il, je veux vous dire toute ma pensée. Je vous ai suivi pas à pas depuis un an. Vous me sembliez être une véritable découverte pour la science. Un homme sans cœur, brave, impie, sceptique, foulant aux pieds le respect qu'on doit aux morts, les égards mérités par les vivants, raillant l'amour, l'honneur, la probité... Tout cela était beau, très beau, trop beau pour être vrai. Vous vous êtes menti à vous-même, vous m'avez menti, par conséquent. Vous n'êtes rien de tout cela.

— Ah ! docteur....

— Vous êtes un fanfaron de vices, un petit bonhomme ridicule.

— Docteur !

— Laissez-moi donc achever !

— Superstitieux comme un paysan, amoureux comme un écolier.... et digne de pitié, en un mot.

— Docteur !

— Par conséquent, vous n'avez plus besoin de moi. Je ne suis pas un confident de tragédie, et je tiens peu à vous voir épancher dans mon sein les larmes et les soupirs d'un amoureux trahi...

Samuel bondit sur son siége.

— Docteur, s'écria-t-il, prenez garde ! vous calomniez Rachel.

Le docteur répond par un long éclat de rire.

— Vous êtes un niais, dit-il. Adieu...

Et il fait un pas vers la porte, laissant Samuel atterré.

Mais au moment d'en franchir le seuil, il se retourne et laisse tomber de ses lèvres cette phrase railleuse :

— Tenez, croyez-moi, cherchez Héva de par le monde, épousez-la et vivez en bon bourgeois. C'est le sort unique de votre nature incomplète. Lovelace et don Juan feraient craquer votre peau du premier coup.

Et le docteur s'en va, riant toujours.

Samuel a poussé un cri de douleur et de colère, mais il n'a point le courage de courir après le docteur.

Et longtemps encore, il demeure enseveli en sa rêverie morne, songeant à Rachel, exécrant Singleton, ne s'apercevant point que depuis le départ du méphistophélique docteur un nom erre sur ses lèvres :

Héva !

XVII

Pourtant, Samuel n'a pas rompu avec la comtesse.

La belle Rachel l'aime toujours.

Le matin encore, il a respiré son haleine, leurs lèvres se sont unies, elle lui a dit: « *A ce soir...* »

Pourquoi donc cette tristesse?

Pourquoi ce nuage qui plane sur le front de l'ancien étudiant de Heidelberg?

Dirait-on un amant heureux, à le voir arpenter le boulevard d'un pas inégal et brusque, le sourcil foncé, l'œil atone?

Il est dix heures du soir; la nuit a remplacé le jour, le boulevard a repris sa guirlande de becs de gaz.

Samuel se dirige vers la rue de l'Arcade;

Cette rue qui s'étend derrière le jardin de la comtesse.

Il s'y trouve une petite porte dont Samuel a la clef.

Mais vainement, cette fois, introduit-il la clef dans la serrure.

On aura tiré par derrière quelque verrou mystérieux.

La porte résiste.

Alors, pris d'une rage subite, Samuel fait le tour, revient rue d'Anjou et sonne à la grande porte de l'hôtel.

Il passe fier et menaçant, jetant son nom au suisse, debout sur le seuil de sa loge.

Le suisse salue et sourit d'un air narquois.

Un valet est sur la première marche du perron :

— Madame la comtesse est sortie, dit-il à Samuel.

— Où est-elle?

— Je ne saurais le dire à monsieur.

— C'est bien, je l'attendrai.

Le valet s'incline; Samuel entre dans l'hôtel du pas de l'homme à qui on a donné des droits, et il va jusqu'au boudoir de la comtesse.

Un grand feu flambe dans la cheminée; un livre est ouvert sur un guéridon. Sur ce livre est un billet.

Ce billet, dont il a reconnu les jolies pattes de mouche, est à l'adresse de Samuel.

Et Samuel l'ouvre précipitamment.

« Mon ami, dit la comtesse, je me doute que vous viendrez ce soir, et comme vous ne me trouverez pas, je vous laisse un mot.

» Rentrez chez vous vers minuit, vous y trouverez de mes nouvelles.

» RACHEL. »

Samuel se demande quel caprice étrange pousse la comtesse à être ainsi mystérieuse, et soudain il songe à Singleton.

Oh ! les pressentiments de la jalousie !

Samuel s'est élancé comme un fou hors du boudoir ; il traverse les salles, les corridors et la cour comme un voleur qui se sauve.

Derrière lui, les valets sourient, et le suisse murmure :

— Encore un de congédié !

Samuel court au club des mineurs.

Il a comme un vague espoir, celui d'y voir Singleton attablé devant un baccarat, une bouillotte ou un misti.

Si Singleton est au club, ses soupçons jaloux, à lui Samuel, s'évanouissent sur-le-champ.

La comtesse dîne en ville sans doute... Et puis, qui sait? peut-être se risquera-t-elle, vers minuit, à franchir le seuil du petit hôtel de Samuel.

L'ancien étudiant pénètre donc au cercle, fait le tour des salles, passe du billard au salon de jeu.

Singleton n'est nulle part.

Mais, tout à coup entre le vicomte de R... Le vicomte a quatre pieds huit pouces. Son aïeul figurait au fameux *combat des trente*, son grand-père s'est noyé dans la Bérésina ; lui, il se querelle chaque nuit de carnaval dans les salons du café Anglais.

— Messieurs, dit-il, après avoir fait une entrée bruyante, je vais vous donner une nouvelle.

— Bah ! dit-on à la ronde.

Samuel prête l'oreille.

— Singleton part...

— Ah !

— Ou plutôt, il est parti.

Samuel a un battement de cœur. Il s'approche du vicomte.

— Où donc va M. Singleton? demande-t-il.

— Mystère!

En prononçant ce mot, le vicomte a tout à fait l'air d'un traître de mélodrame.

— Mais encore? demandent plusieurs voix.

— Messieurs, répond le vicomte, Singleton a une aventure...

Samuel tressaille, le vicomte poursuit :

— Une femme jeune et belle, comme dit la romance, lui a ouvert son cœur. Ils sont partis ce soir, un train express les emporte. Où? je ne sais.

— Et cette femme?... interroge Samuel, qui a la voix enrouée, la connaissez-vous?

— Non.

— L'avez-vous vue?

— Je n'ai aperçu qu'un flot de gaze et de soie qui montait en voiture.

Samuel n'en veut point entendre davantage.

Il quitte le cercle et court chez lui.

Minuit va sonner.

Au moment où il franchit le seuil de son petit hôtel, son cœur bat à outrance.

Qui sait? Elle est là peut-être.

Mais le concierge lui remet un pli sur lequel se trouvent ces mots :

Télégraphie privée

SERVICE DE NUIT

M. le baron Samuel Kloss.

Samuel ouvre la dépêche et lit :

« Havre, minuit.

» Vapeur chauffe. — Départ deux heures. — Singleton avec moi. — Pour détails, lettre laissée à votre valet de chambre.

» Adieu.

» RACHEL. »

Samuel s'est appuyé contre le mur pour ne point tomber.

Pendant quelques minutes, semblable à un corps sans vie, il promène autour de lui un regard égaré.

Tout à coup, il s'écrie :

— Où donc est Germain ?

Germain est son valet de chambre.

— Germain est sorti, lui répond le concierge ; mais je puis aller le chercher. Il est au *Café des Domestiques*, au coin du faubourg et de la rue de la Pépinière.

Samuel s'élance au dehors, il descend le faubourg en courant et pénètre comme un fou dans ce qu'on appelle le *Café des Domestiques*.

C'est le club de la haute livrée.

Là, tous les soirs, grooms, valets de chambre, cochers, valets de pied se réunissent, jouent au whist et au billard et discutent sur la noblesse et la fortune de leurs maîtres respectifs.

Germain, le valet de chambre de Samuel, joue au billard.

A la vue de son maître, il a un léger haussement d'épaules.

Germain n'aime pas être dérangé.

Mais l'œil de Samuel étincelle, et, rampant et obséquieux

par nature, Germain quitte sa partie et s'avance la casquette à la main.

— Drôle! lui dit Samuel, tu as une lettre pour moi?

— Oui, monsieur le baron.

— Depuis quand?

— Depuis ce matin.

— Pourquoi ne me l'as-tu point remise?

— Monsieur, répond insolemment le valet, madame la comtesse de M... m'a donné vingt-cinq louis pour lui obéir.

Et il tend la lettre à Samuel.

Celui-ci s'enfuit éperdu. Il ne veut ni pleurer ni rougir devant des laquais; mais une fois dans la rue, il s'adosse à une maison, sur le trottoir et sous un réverbère.

Là, il ouvre la lettre de Rachel.

Cette lettre est ainsi conçue :

« Mon ami,

» Tout passe, tout lasse, tout casse!

» Vous vous êtes battu avec don Ramon, et vous l'avez mis au seuil de la mort; mais vous ne l'avez pas connu.

» Il avait une âme de feu; sa voix était une harmonie sans fin, son cœur un trésor.

» Quand il m'aimait, les femmes étaient jalouses.

» Il a mis un trône à mes pieds.

» Eh bien, un soir, cet homme si beau, si bon, si franc, si digne d'être aimé, adoré à deux genoux, je l'ai pris en grippe, en horreur.

» Et savez-vous pour qui?

» Pour un insolent aventurier qui venait de je ne sais où?

» Vous le connaissez, n'est-ce pas?

» Voici le cas de vous répéter mon proverbe :

» *Tout passe...* etc...

» Donc, je pars, je vais au Havre avec un homme qui vous est infiniment supérieur, puisqu'il vous a logé son épée dans la poitrine.

» Et, au Havre, nous trouverons un bateau à vapeur; nous allons courir l'Angleterre et l'Ecosse.

» Peut-être irons-nous jusqu'en Amérique.

» Cependant, mon ami, je ne voudrais pas que vous eussiez une mauvaise opinion de moi.

» Singleton n'est pas mon amant ; il ne le sera jamais, et je ne compte pas l'épouser.

» Je l'ai *loué* pour m'accompagner. On loue des gandins, comme on loue une chaise de poste.

» Donc, Singleton m'accompagne, et il a pour mission de vous tuer si vous osez me poursuivre et me rejoindre. Comme Singleton est le seul être dont vous ayez peur, je pars tranquille.

» Adieu, et au plaisir de ne jamais vous revoir.

» Rachel de M... »

Samuel, ayant lu cette lettre, tomba à la renverse.

En ce moment, une femme passait à pied sur le trottoir et s'approcha en jetant un cri.

L'œil mourant de Samuel la reconnut :

C'était Héva !

XVIII

Là-bas, au delà du pont de Saint-Cloud, au bord du coteau qui domine la Seine et du haut duquel Paris et le bois de Boulogne déroulent leur panorama grandiose, une maison blanche s'élève à mi-côte et voit se lever le soleil.

Les splendeurs mâles de l'été ont fait place aux frileuses mièvreries du printemps. Les collines lointaines se drapent dans la brume bleuâtre des matinées étincelantes, les arbres sont touffus, l'air est doux; c'est juin qui flamboie.

Autour de la villa s'arrondit la pelouse verte, constellée de blanches statues.

Les fenêtres s'ouvrent au vent du matin, et l'une d'elles encadre une tête pâle, dont l'œil conserve un rayon de fièvre. C'est la tête de Samuel.

Samuel interroge l'horizon.

A l'horizon du bois, les routes blanches et sinueuses qui viennent du lac, passent autour de la cascade, traversent le champ de courses et viennent aboutir en gerbes au pont de Saint-Cloud.

Les cavaliers s'y croisent; les breacks y luttent de vitesse.

L'œil perçant de Samuel cherche quelqu'un parmi tout ce monde hippique, dont le bois est l'arène ordinaire.

Mais le voici venir rapide, l'étalon arabe à la robe isabelle, au chanfrein étoilé, à la crinière épaisse qui flotte emmêlée autour du filet et de la bride.

Ses quatre pieds, vierges du fer, font voler les cailloux; son haleine est de feu ; sa course est celle des chevaux que le poëte allemand a chantés dans la *Ballade de Lénore*.

Qui porte-t-il donc, le noble enfant des plaines sablonneuses de Nubie?

Quelle est donc la main d'acier qui gouverne l'étalon fougueux?

C'est une main blanche et frêle, la main d'une jeune fille aux cheveux d'or et aux yeux bleus.

Insoucieuse, elle se laisse emporter par le cheval du désert, souple et nerveuse, nonchalante et plus solide que les fameux cavaliers de Jugurtha.

Monté sur un double poney d'Ecosse, un jeune homme la suit de loin. Et cependant le poney est vite, et il a dans sa généalogie un ancêtre issu des trotteurs américains.

L'écuyère a une amazone bleue et pour coiffure une petite toque à plume de gerfaut.

Le cavalier qui l'accompagne monte en bottes à l'écuyère et porte une petite redingote brune à brandebourgs, un pantalon gris et une casquette.

C'est un étudiant allemand.

Certes, celui qui l'eût vu, dix-huit mois auparavant, courant sur la route de Kurbsteinbourg à Heidelberg, cramponné des deux mains à la crinière d'*Eclair*, aurait peine à le reconnaître, tant il a d'aisance et de bonne mine et roule avec élégance sur son étroite selle anglaise.

Cet étudiant se nomme Fritz.

Fritz le Hanôvrien, le mauvais sujet de dix-huit ans, qui se montrait fier d'exécuter les ordres de Samuel et prépara l'odieux guet-apens de la *Licorne*.

Quant à la jeune fille qui galope à cent pas devant lui, — vous l'avez deviné, — c'est Héva.

Héva, la blonde pupille du bonhomme Kloss, dont Samuel voulait faire sa maîtresse, qu'il a cherchée si longtemps en vain, et qu'il a retrouvée enfin, un soir, dans le haut du faubourg Saint-Honoré, au moment où il tombait foudroyé par la lettre d'adieux de la comtesse Rachel de M....

L'œil ardent et fiévreux de Samuel a reconnu le cheval isabelle et l'amazone bleue. Et son cœur a battu plus vite, et un cri de joie a jailli de ses lèvres.

Puis, il s'est rejeté vivement en arrière et, tournant la tête, il a regardé un grave et silencieux personnage qui feuilletait un livre ouvert sur un guéridon.

— La voilà ! docteur, s'écrie-t-il, la voilà !

Le docteur se prend à sourire :

— Ah ! mon pauvre cher maître, dit-il, comme j'ai bien fait de ne point partir, le soir où je vous fis mes adieux. Sans mes soins, peut-être seriez-vous mort...

— Je le crains, docteur ; mais avouez que la divine enfant qui répond au nom d'Héva est bien pour quelque chose dans ma guérison.

— Soit. Ainsi vous avez oublié la comtesse?

— Comme un mauvais rêve.

— Et... vous aimez... Héva?

— Ah! docteur!

Samuel a mis toute son âme dans cette exclamation.

Le docteur hausse imperceptiblement les épaules.

— Décidément, dit-il, vous êtes bien l'homme que je croyais...

— Quel homme, docteur?

— Un fanfaron de vices, un cœur égaré, mais non corrompu, un brave homme futur, qui adorera sa femme et aura beaucoup d'enfants.

— Eh bien! qu'importe! si je suis heureux... Ah! cher ami, si vous saviez ce que j'éprouve depuis un mois, depuis que je ne suis plus fou... car j'ai été fou, n'est-ce pas!

— Complétement.

— Eh bien! mon bon docteur, depuis que la raison m'est revenue, je suis l'homme le plus heureux du monde. Héva vient me voir chaque jour.... Tenez, mettez-vous à la fenêtre.... la voyez-vous? son cheval dévore l'espace.

— Oui, je la vois. Après?

Et le docteur a toujours son diabolique sourire.

— Elle vient me voir, continue Samuel, et elle n'a point cessé de m'aimer...

— Et vous?

— Moi, je l'aime aujourd'hui.

— Bien vrai?

— Foi de Samuel!

— Songez-vous toujours à en faire votre maîtresse?

— Vous êtes fou, docteur. J'en ferai ma femme, je l'épouserai.

— Bah !

— Je vous le jure.

Un imperceptible sourire de satisfaction glisse sur les lèvres de l'énigmatique docteur.

Mais Samuel ne l'a point surpris.

Samuel s'est élancé hors de la chambre; il descend l'escalier en courant; il vole à la rencontre d'Héva.

La jeune amazone a franchi la grille de la villa. Elle se laisse glisser à bas de son cheval, et Samuel, la prenant dans ses bras, lui met un chaste baiser au front.

— Comment êtes-vous aujourd'hui, mon ami ? lui demande la jeune fille.

— J'ai le paradis dans le cœur, répond l'ex-roi des étudiants de Heidelberg.

XIX

Maintenant, repassons le Rhin.

Traversons la plaine verte que domine la flèche de la vieille cathédrale de Strasbourg. Laissons Oos, sur la droite; allons vers le nord; traversons Heidelberg, et, tout du long de la sauvage vallée du Nekar, remontons jusqu'à Kurbsteinbourg.

Septembre va finir, c'est l'heure bénie des vendanges.

Par les sentiers étroits qui serpentent au flanc des collines, les jeunes filles s'en vont, un panier de raisins sur la tête.

Le tonneau de Heidelberg, ce tonneau grand comme une église, regrette d'être fêlé et de ne pouvoir plus contenir la vendange.

C'est un mauvais jour pour la bière; le vin a triomphé.

Et, là-haut, dominant un fouillis de vignes aux pampres jaunes, le voyez-vous, avec sa ceinture de vieux arbres, le manoir chevaleresque?

Ses tourelles grises montent dans le ciel bleu; ses toits moussus attendent la cigogne voyageuse.

Les merles sifflent dans le parc, les ramiers roucoulent dans l'impénétrable feuillage des sapins.

Le soir vient, — à l'horizon, le soleil décline et s'enveloppe dans un splendide manteau de nuages pourpres.

Mais ce n'est point l'heure des fantômes, croyez-le.

Le parc de Kurbsteinbourg a donné congé au *nain blanc* et à tous les spectres qui, l'hiver, folâtrent au clair de lune sous les arbres séculaires.

La vie réelle a remplacé la vie poétique légendaire.

On ne croit plus aux sorciers, mais on fête les vendanges.

Il est monté sans frémir tout du long de ce sentier fréquenté jadis par les fantômes, l'honnête paysan allemand du village qui s'étend là-bas, au pied de la colline.

Elle riait, la jeune fille, en traversant le vieux parc, dans ses beaux habits du dimanche: spencer à paillettes, peigne de cuivre et jupe rouge.

Ah! c'est que Kurbsteinbourg a ouvert ses portes à deux battants, et le soleil y pénètre par toutes les croisées.

Kurbsteinbourg est en fête et reçoit ses nouveaux maîtres.

Samuel Kloss, le fils du bon monsieur Kloss, le grand comédien, revient à Kurbstein.

Il vient, dit-on, pour s'y marier.

Et, de fait, la veille, le village de Kurbstein commençait à dormir. Le vieux crieur de nuit avait fait sa ronde et annoncé que la dixième heure de relevée était sonnée.

On couvrait les feux, on éteignait dans les chaumières le lumignon formé avec un cœur de sapin résineux.

Le bourgmestre avait soufflé sa lampe et le pasteur dit ses prières.

Tout à coup, dans la nuit silencieuse, il s'était fait un bruit clair et sonore, un bruit de grelots, semblable au cri lointain des grenouilles aux bords des étangs, par les chaudes nuits de juin.

Puis, au bruit s'était joint la lueur rouge des lanternes de deux chaises de poste, rapides comme le vent, bruyantes comme la joie.

La première contenait Frantz, et Fritz, et Goliath, et Samuel, et le docteur aux cheveux gris et au rire méphistophélique. Les trois étudiants étaient revenus de leurs erreurs de jeunesse.

Ils ne blasphémaient plus Dieu, croyaient à l'honneur des femmes et se méfiaient des trahisons du vin.

La deuxième voiture était occupée par Héva, une dame âgée, vraie tante de France, dont le vieux Kloss parlait dans son testament; et une religieuse couverte de la robe grise des sœurs de charité.

C'était une pauvre juive convertie à la religion chrétienne, une vierge folle qui avait expié ses égarements, une victime de l'amour humain, réfugiée dans l'amour de Dieu!

Mais, quand les chaises de poste roulèrent, la veille au matin, sur le pavé pointu de Heidelberg, un étudiant qui fumait sa pipe au seuil de l'hôtellerie du *Prince-Karl* s'écria, en regardant la sœur grise :

— C'est étrange! on dirait Déborah la juive, la maîtresse de notre ancien roi Samuel.

Donc, les deux berlines de voyage étaient arrivées à Kurbsteinbourg, et Samuel, le lendemain, se promenait de long en large, en compagnie du docteur, dans la vaste salle qui, jadis, s'était appelée le salon des croisades.

Le docteur avait fait un bout de toilette. Son sourire était fleuri; son habit, tout neuf, s'était orné d'une fleur à la boutonnière.

La fleur à la boutonnière est l'expression, chez les Allemands, d'un bonheur couleur d'azur.

Samuel était en toilette de bal.

En France, où on ne respecte rien, on eût dit qu'il avait le *costume des condamnés.*

En effet, Samuel allait se marier.

Sans pâlir, et sans crier gare! le cœur battant régulièrement et le visage calme, vêtu de noir, et cravaté de blanc comme un notaire, l'ancien roi des étudiants, l'ex-amant de Rachel de M..., la comtesse au cœur de tigre, le viveur impie, Samuel l'athée, allait s'embarquer dans cette aventure qu'on appelle le mariage.

Et le docteur sceptique lui disait, riant toujours:

— Ainsi, vous ne regrettez rien?

— Rien, docteur.

— Ni Déborah?... ni Rachel?... ni Paris?...

— Rien! rien! rien!...

Et, parlant ainsi, Samuel s'émut tout à coup. Sa voix s'altéra, son front se plissa, son œil devint triste.

— Qu'avez-vous donc? demanda le docteur.

— Je pense à mon père.

— Ah!

— Le pauvre homme! dit Samuel, s'il vivait encore....

Le docteur s'essuya les yeux avec le revers de sa manche, et dit à mi-voix:

— Voici une jolie occasion de rompre les chiens, c'est-à-dire de changer de conversation.

— Vous avez raison, docteur, dit Samuel. N'attristons point ce jour de bonheur.

— *Amen !...* ricana le médecin grisonnant.

— Le contrat est-il prêt ?

— Oui.

— Qui l'a rédigé ?

— Le tabellion de Kurbstein. C'est un nouveau fonctionnaire que vous ne connaissez pas.

— A quelle heure devions-nous le signer ?

— Mais... tout de suite...

Sur ces mots, le docteur s'improvisa régisseur de théâtre. Il secoua le gland d'une sonnette et le décor changea à vue.

C'est-à-dire que les portes s'ouvrirent, et que deux valets apportèrent une table sur laquelle étaient deux flambeaux, auprès d'un portefeuille en maroquin noir.

Le portefeuille du notaire.

En même temps, les portes latérales s'ouvrirent, et Héva entra d'un côté, donnant la main à sa tante.

De l'autre, apparurent Frantz, Fritz et Goliath ; derrière eux, les yeux baissés, marchait humblement la sœur grise.

Tout ce monde-là vint se ranger auprès de la table.

— Où donc est le notaire ? demanda Samuel.

— Le voici, répondit le docteur.

Alors une troisième porte s'ouvrit, il y en avait cinq, du reste, dans le salon des croisades.

Et, par cette troisième porte, un homme grave entra....

XX

Cet homme au front chauve, à l'œil débonnaire, arracha un cri à Samuel, un cri, le dernier de cette histoire :

— Mon père !

Et le vieux Kloss s'avança vers Samuel, lui prit la main et lui dit : — Quand on a joué la comédie trente années, on peut bien la jouer une dernière fois, même après avoir pris sa retraite.

C'est une manière d'avoir son bénéfice !

Samuel se mit à genoux, et le docteur passa de nouveau sur ses yeux la manche de son habit.

Epilogue

LETTRE DU DOCTEUR A L'AUTEUR

« Monsieur,

» Je viens de lire les épreuves de *l'Héritage du Comé-*

dien, que vous avez bien voulu me communiquer, et j'ai hâte de vous adresser mes remerciements.

» Vous avez laissé dans le vague la définition de ma personnalité et de mon caractère.

» Grâce à vous, on ne saura jamais si j'étais réellement un sceptique, un philosophe, ou bien le vulgaire complice du vieil acteur Kloss.

» Encore une fois, merci !

» Dans le siècle où nous vivons, il est permis de laisser le *vice* piétiner sur la *vertu* pendant les trois quarts d'un volume ou les neuf premiers tableaux d'une pièce, pourvu qu'à la fin le vice soit puni et la vertu récompensée.

» Vous avez bien été obligé de faire comme tout le monde; mais enfin, vous avez fait vos réserves en ne me donnant point, comme M. Octave Feuillet à Montjoye, la médaille de Crimée.

» Une dernière fois, merci; et puisque me voilà passé héros de roman, laissez-moi espérer que vous me ressusciterez un de ces jours, en compagnie de Singleton et de la comtesse de M..., qui s'adorent, mais n'ont pas eu, jusqu'à présent, le mauvais goût de se marier, et d'introduire le nez de la municipalité dans leurs affaires de sentiment.

» Votre héros reconnaissant,

» LE DOCTEUR. »

Fin.

HISTOIRE

D'UNE

MAITRESSE MORTE

A MONSIEUR LE DOCTEUR JOCHER

A vous, mon bon et excellent ami, à vous, l'homme de science et de dévouement, qui avez si longtemps lutté t n'avez été vaincu que parce que le mal était sans reède, et que les vues de la Providence sont impénétrables, la dédicace de cette simple et triste histoire, dont, vous le savez bien, les moindres détails sont si vrais.

I

Il y a de cela un peu moins de deux ans.

L'hiver allait finir, le soleil d'avril pénétrait dans ma chambre, et j'étais au coin du feu, la fenêtre ouverte.

L'œil fixé sur la braise de mon foyer, je rêvais aux chaudes contrées, au ciel d'Orient, à je ne sais quel voyage lointain.

Mon ami Stéphen entra.

Mon esprit était porté au silence en ce moment ; je tendis la main à Stéphen, lui indiquant un siége et l'invitant, d'un geste, à me laisser continuer mon rêve.

Stéphen s'assit, prit un cigare sur la cheminée, et, comme moi, demeura silencieux pendant quelques minutes.

— Mon ami, me dit-il enfin, sais-tu ce que je viens te demander ? Voici la belle saison, tu vas bientôt aller à Cravant, emmène-moi ; j'ai un livre à écrire, et l'ombre de tes tilleuls m'attire.

— Mon cher Stéphen, lui répondis-je, tu peux partir dès demain si tu veux, je vais prévenir le jardinier ; tu t'installeras dans la maison et tu pourras faire ton livre en autant de volumes qu'il te plaira ; mais moi je n'irai pas à Cravant.

— Pourquoi donc?

— Je ne sais ; mais je suis rongé de ce mal bizarre que nous nommons l'ennui et les Anglais le spleen. Ma maison, que tu aimes, est trop grande pour moi : j'ai renoncé à faire le tour du jardin, bien qu'il n'ait guère plus d'un arpent, et les murs de la salle à manger me paraissent s'éloigner comme un décor de théâtre qu'on change à vue, chaque fois que je me mets à table devant mon couvert solitaire. J'irai à Cravant pour chasser, en septembre, pas avant !

Stéphen sourit.

— Marie-toi, me dit-il, c'est la solitude qui te pèse.

— Oh ! pas encore, je n'ai guère que vingt-sept ans, et je veux aimer la femme que j'épouserai. Comprends-tu?

— Pas le moins du monde.

— Eh bien, la femme que je veux et dois aimer ne s'est pas encore trouvée sur mon chemin ; et je suis un peu de l'école de ceux qui attendent le bonheur et ne le vont pas chercher.

— Soit, murmura Stéphen ; cependant, mon ami, tu me parais un peu trop mélancolique aujourd'hui. Je t'emmène dîner chez ma mère. Puis, ce soir, nous irons jouer au whist et peut-être bien au baccarat, chez une femme charmante, dans le salon de laquelle tu verras des hommes de sport et de turf, des gens de Bourse et de finance, çà et là, peut-être, un garçon d'esprit.

— Quelle est cette femme?

— Je ne sais pas le nom qu'elle a, mais je te dirai le nom qu'elle porte. Elle se fait appeler madame de G..., du nom de je ne sais quel fils de famille dont elle grignote l'héritage.

Je suivis Stéphen, j'allai dîner chez sa mère, et, vers dix heures, nous arrivâmes rue Tronchet, dans un appartement plus luxueux qu'élégant, où une vingtaine de jeunes gens et quelques femmes du monde interlope, jolies pour la plupart, entouraient le tapis vert d'une table de baccarat.

Stéphen me présenta, on m'offrit une place à côté du banquier, et mon regard fut presque aussitôt attiré et pour ainsi dire fasciné par un visage de femme d'une beauté étrange, mélancolique, presque fatale.

C'était une enfant qui n'avait pas vingt ans encore et qui jouait cependant avec le fiévreux sang-froid d'une pécheresse endurcie.

Elle avait un monceau d'or devant elle, tenait tous les bancos, gagnait avec indifférence, perdait avec dédain.

— Fernande! lui dit tout à coup une jeune femme que je sus, depuis, être sa sœur; Fernande, mon enfant, *étouffe* un peu de ce magot; la chance va tourner.

Elle haussa les épaules et répondit d'une voix dont le timbre navré me frappa :

— Pourquoi? Quand je gagne, je me demande à quoi l'or peut servir; lorsque je perds je le trouve plus inutile encore.

—Bon! s'écria en riant un des joueurs, voici Fernande qui va nous recommencer sa théorie de poitrinaire et nous répéter qu'elle ne tient ni à la vie, ni à l'amour, ni à l'or...

— Ni à rien, acheva Fernande avec un calme qui m'épouvanta.

Et comme, en cet instant, le banquier étalait cent louis devant lui, disant à la galerie : « Qui veut tenir? » Fernande poussa du bout de ses doigts roses l'argent qui constituait son gain.

— Allez! dit-elle en prenant la carte, je fais le banco.

Elle perdit, se leva sans la moindre émotion, et passa dans une pièce voisine où elle se laissa tomber sur un canapé.

— Étrange créature! murmura un de mes voisins, elle n'aime personne, elle n'a jamais aimé, et n'est préoccupée que d'une seule pensée : c'est qu'elle doit mourir très jeune...

Était-ce le joli visage de Fernande qui me séduisait, étaient-ce les paroles que j'entendais qui me poussaient à la suivre?

Je ne sais, mais quelques minutes plus tard j'étais auprès d'elle, dans ce petit boudoir où elle s'était réfugiée, et je la regardais silencieusement.

Elle était de taille moyenne, svelte, fluette, avec de petits pieds et des mains d'enfant, un large front bombé, intelligent; de grands yeux noirs toujours tristes, même quand elle souriait; une petite bouche charmante lorsque ce dédain profond de la vie qui était en elle ne retroussait point ses lèvres.

— Pourquoi me regardez-vous donc ainsi? me demanda-t-elle.

Sa voix était triste, mais elle n'avait plus cette accentuation sourdement railleuse de tout à l'heure.

J'eus la banalité de répondre :

— Je vous regarde parce que je vous trouve belle!

— Ah! monsieur, fit-elle avec un sourire et un ton de reproche, voilà que vous me dites cette niaiserie éternelle que chacun me répète.

Je m'assis près d'elle, et, lui prenant la main.

— Pardonnez-moi, lui dis-je, je vous regarde parce qu'il y a en vous je ne sais quoi qui m'attire; je vous ai suivie parce que je voudrais savoir....

Elle m'arrêta d'un geste.

— Vous voulez savoir, me dit-elle, pourquoi je suis triste au milieu de ces gens qui rient et qui chantent, pourquoi je songe à mourir quand tout le monde autour de moi s'efforce de vivre gaiement? Eh bien, je vais vous le dire. Qui sait, peut-être un jour écrirez-vous mon histoire....

Et Fernande, laissant sa main dans la mienne, ajouta :

— Je veux mourir parce que je ne suis pas née pour vivre au milieu du monde où je suis; parce que je suis venue à quinze ans de ma province, orpheline, presque sans argent, avec l'intention de faire comme avait fait ma sœur, disait-on dans notre pays, — c'est-à-dire travailler honnêtement en attendant un mari.

On m'avait trompée.

En descendant de la diligence, je vis une belle dame en équipage qui venait me chercher. Les plumes de son chapeau, la livrée de ses deux laquais, tout cela m'éblouit et me fascina.

Cette belle dame, c'était ma sœur. Maintenant vous devinez, n'est-ce pas?

— Quel âge avez-vous? lui demandai-je.

— Dix-neuf ans bientôt. J'ai encore deux ans à vivre, environ.

Elle me disait cela avec plus d'indifférence que de tristesse.

— Vous êtes folle, mon enfant, répondis-je ; on ne meurt pas quand on est jeune, belle, intelligente...

Elle secoua la tête.

— Tenez, me dit-elle, j'ai fait la nuit dernière un rêve singulier. J'étais loin de Paris, en province, dans une petite maison à moi, avec un homme qui m'aimait et que j'aimais ; il me semblait que mon passé était une hallucination, que ce monde de fous et de gens corrompus qui m'entoure, je ne l'avais jamais vu, jamais connu... J'étais vertueuse et sage, j'étais la femme de province qui porte des secours aux malheureux, du bouillon aux malades, qui s'agenouille le dimanche devant le modeste autel d'une église de village ; et je me voyais entourée de gens qui m'aimaient et me respectaient.

— Ah ! lui dis-je, éprouvant une certaine émotion, vous avez rêvé cela !...

— Oui, me dit-elle, et je me suis réveillée portant la main à ma poitrine où j'éprouvais une violente douleur, et j'ai bien vu que c'était un rêve... un rêve qui ne pouvait plus se réaliser pour moi.

Et, ajouta-t-elle plus bas et d'une voix brisée, c'est pour cela que je suis venue jouer ce soir. Il faut bien tuer le temps en attendant la mort...

On jouait toujours dans le salon voisin, nous étions toujours seuls dans le boudoir. . . . .
. . . .

— Voyez-vous, monsieur, reprit Fernande, la vertu seule donne le droit de vivre. Je n'ai jamais menti et j'entends mentir autour de moi : on me demande de l'amour, et je n'avais au fond du cœur qu'une bonne et vive affection pour l'homme qui se serait trouvé sur mon chemin assez tôt pour m'empêcher de glisser ; qui se serait montré assez bon pour m'aimer, assez loyal pour m'offrir sa main, assez généreux pour me permettre de me dévouer à lui corps et âme, d'être la compagne de ses joies et de ses douleurs, de le conseiller dans la vie, de placer en lui mon orgueil...

Elle s'interrompit, eut un rire nerveux et s'écria :

— Cet homme n'est point venu ! je ne l'ai pas rencontré, et c'est pour cela que je veux mourir !

— Mais, lui dis-je, il peut venir encore...

— Oh ! non, fit-elle, il est trop tard... Je n'ai plus rien à lui donner, du reste, et voici trois ans que je me tue lentement et sans relâche. Tenez, regardez-moi, voyez comme je suis frêle et délicate, un souffle de vent me courbe ; et cependant je joue et je soupe chaque nuit, je bois des flots de champagne, je danse souvent jusqu'au jour, et je rentre chez moi, brisée, étourdie, la tête pleine de larmes et l'œil sec ; puis je tombe en une sorte de prostration pendant laquelle je continue mon beau petit rêve de vertu et de vie paisible, avec l'espoir que le mal ira vite, et que Dieu me reprendra bientôt. . . . .
. . . .
. . . .

Je ne sais pas ce que Fernande me dit encore, je ne sais pas ce qui se passa en moi lorsque je l'eus quittée, mais le lendemain vers midi je me présentai chez elle, et comme la femme de chambre ne voulait pas me laisser entrer, je donnai ma carte.

J'entendis sa voix dans le petit salon capitonné en damas jaune où elle se tenait :

— Ah! disait-elle, fais entrer, Mariette; c'est déjà un vieil ami...

Fernande était pelotonnée comme une jolie chatte dans sa chauffeuse ; mais elle était encore plus pâle que la veille, et un léger cercle de bistre entourait ses yeux.

Elle me tendit la main en souriant.

— Je vous attendais, me dit-elle. J'ai rêvé que vous viendriez... Vous ne savez pas que j'ai une organisation si frêle, que je suis presque somnambule... Je rêve vrai souvent...... excepté pour cette maison des champs, que je n'aurai jamais.

— Vous vous trompez, Fernande.

Elle me regarda étonnée, et je repris sa main dans la mienne, comme la veille.

— Écoutez, mon enfant, lui dis-je, si vous rencontriez enfin cet homme que vous rêvez, le suivriez-vous? Si cet homme venait et vous disait : « Je ne sais pas, je ne veux pas savoir ce que vous avez souffert depuis le jour où vous êtes venue à Paris ; mais j'ai lu dans votre regard que la corruption du monde avait laissé votre cœur intact ; mais j'ai compris au son de votre voix que vous pouviez être cette femme intelligente, énergique et bonne qui s'attache à la vie d'un artiste et la partage ; cet ange qui penche un front calme vers lui pendant ses nuits de travail, qui lui serre la main aux heures douloureuses où les envieux triomphent, et qui lui dit sans cesse en souriant : Marche, ami, marche toujours... je suis là ! »

— Ah! s'écria Fernande en m'interrompant, il aurait deviné, cet homme... Mais, hélas! il n'existe pas...

— Vous vous trompez encore, Fernande.

Et, portant une de ses mains à mes lèvres :

— Écoutez, continuai-je, je ne suis pas riche, mais je vis largement de mon travail, et je possède dans le pli d'un vallon, au bord d'une rivière, à deux pas d'un joli village, cette petite maison de province que vous avez vue en rêve. Voulez-vous quitter cet appartement, vendre ou donner tout ce que vous possédez, abandonner ce luxe impur qui vous entoure, voulez-vous remettre la robe que vous aviez le jour où vous vîntes de votre pays?...

— Et vous m'emmènerez?

— Ce soir, à neuf heures, nous aurons quitté Paris.

Elle me regarda bien longtemps avant de me répondre.

— Mais mon ami, me dit-elle enfin, je vous ai dit hier que je mourrais bientôt... et vous n'y pensez pas de vouloir aimer une femme qui fera un jour un cercueil de votre maison.

— Ah! rassurez-vous, Fernande, lui dis-je; mon amour sera plus fort que le mal, si avancé qu'il puisse être... Je vous guérirai!

Elle inclina sa jolie tête avec plus de rêverie que de tristesse.

— On m'a déjà dit cela bien souvent, qu'un homme qui vous aime peut quelquefois vous empêcher de mourir... mais...

Elle appuya de nouveau la main sur sa poitrine, et je la vis pâlir...

— Non, non, dit-elle, il est trop tard... partez!... Oubliez-moi, si déjà vous m'aimez... Il ne faut pas aimer ceux qui doivent mourir.

Je me mis à genoux, tenant toujours ses deux mains.

— Mon enfant, m'écriai-je, je vous en supplie, ne me refusez pas... Je veux être votre médecin, votre ami, votre père... et je sens bien que je serai, si jamais vous m'aimez, l'homme le plus heureux du monde.

Elle se laissa persuader, et le lendemain j'écrivais à Stéphen :

« Ne viens pas, mon ami, nous serons bientôt deux à Cravant, et je n'ai plus le spleen. »

II

Nous arrivâmes à Cravant le matin, vers quatre heures.

Les oiseaux commençaient à chanter dans le jardin; les collines qui environnent ma maison étaient baignées d'une brume indécise, l'aube naissait à l'horizon.

Fernande s'arrêta dans la cour; elle s'assit sur un petit banc au bas du perron, contempla mes grands arbres, passa la main sur son front et murmura :

— Oh ! mais je fais un rêve !

Le voyage, ce voyage de huit heures, avait été pour elle un perpétuel enchantement.

Nous avions suivi les boulevards étincelants de lumière, nous avions couru pendant cinq heures sur la voie ferrée, par un clair de lune éblouissant : elle, me racontant son enfance heureuse et calme, moi, la regardant sourire et l'écoutant parler.

Le train s'était arrêté à Auxerre ; la gare, située hors la ville, était déserte. Une diligence attendait à l'embarcadère. Auprès de la diligence, Fernande aperçut un phaéton, un joli cheval demi-sang et un domestique en livrée.

Elle crut d'abord à une place de coupé dans la diligence, et, lorsque je l'invitai à monter dans le phaéton, elle me regarda d'un air incrédule :

— Est-ce donc possible? me dit-elle.

— Fernande, mon enfant, lui dis-je, ma jument vous attend pour être sa marraine. Comment l'appellerons-nous ?

— *Espérance;* me répondit-elle.

Je rendis la main à Espérance qui fila comme un rêve.

La lune brillait toujours au ciel, baignant de sa clarté mélancolique les bords de ma chère Yonne et les vignes des coteaux voisins.

Pendant un trajet d'une heure, à chaque maison, à chaque cabane qu'elle voyait sur la route, l'enfant me regardait et disait :

— Est-ce Cravant, mon ami?

— Non, répondais-je ; un peu plus loin...

Enfin nous passâmes sur un pont, nous traversâmes un petit boulevard planté de tilleuls, qui ceignait un vieux village entouré de vieux remparts, puis Espérance s'arrêta devant une porte qui s'ouvrit aussitôt.

Et Fernande s'était assise sur un banc, dans la cour, et elle regardait le jardin, les vieux arbres, aspirait avec délices les senteurs de mes lilas et de mes églantiers, et elle n'était point encore entrée dans la maison qu'elle s'écriait :

— Ah ! maintenant, mon Dieu, je ne veux plus mourir !
La maison est grande, trop grande, hélas ! à présent...

J'avais arrangé une jolie petite chambre d'ami, à l'époque où je n'avais qu'un ami.

C'était simple et frais.

La fenêtre ouvrait sur la rivière, un ruisseau murmurait au bas.

Ce fut là que je conduisis Fernande.

— Vous devez être fatiguée, mon enfant, lui dis-je, et bien qu'il soit jour, bonne nuit.

Je lui mis un baiser au front, — un baiser de père, — et je descendis dans ma chambre.

Ma chambre, si vaste jadis, me parut petite, charmante, parfumée...

Le bonheur était en haut.

A midi, Fernande descendit. Je fumais mon cigare dans le jardin, assis sous un petit berceau de charmes où, depuis, nous déjeunions souvent en été.

Elle s'approcha sur la pointe du pied, posa sa petite main sur mon épaule et me dit :

— Voulez-vous venir déjeuner, mon ami ? La cuisinière, le croiriez-vous ? m'a demandé des ordres, et je lui ai ordonné... des œufs à la coque. Savez-vous bien qu'il a fallu les acheter ? Ah ! je veux des poules, et une vache... et...

— Et quoi encore ? demandai-je en souriant.

— Et oublier Paris, me dit-elle.

. . . .

Pendant quinze jours, nous courûmes les environs en voiture, visitant tous les jolis sites de ma Bourgogne aimée.

Souvent elle me disait avec un sourire malin :

— Vous êtes un enchanteur, ami ; vous allez bientôt lever votre baguette et tout s'écroulera. Votre maison est un château en Espagne.

Et chaque jour je la conduisais dans sa petite chambre, lui laissant un baiser sur le front.

Enfin un soir, un soir de printemps embaumé où tout parlait d'amour : la brise dans les feuilles et la fauvette dans le buisson, — un soir, j'osai lui prendre les deux mains, et je vis briller une larme de bonheur dans ses yeux. Et elle se jeta à mon cou, murmurant :

— Ah ! tu es bon.... et je t'aime !...

III

Près de deux années ont passé ainsi. Ces deux années ont été un rêve.

Vous savez ce qu'est la province, avec ses mœurs austères, ses préjugés, parfois sa défiance de tout ce qui vient de Paris.

Pendant quelque temps, cette belle enfant blanche et pâle, au regard triste, au sourire charmant, qui passait en voiture ou se promenait à pied appuyée sur mon bras, par les sentiers perdus et les prés verts, fut comme un objet d'ombrageuse curiosité.

Plus d'une douairière édentée jeta les hauts cris, plus d'un gentillâtre mésallié me lança l'anathème.

Fernande souriait et me disait :

— Ils ont raison... Ne leur en veux pas... N'as-tu pas mon amour pour te consoler?...

Et je souriais à mon tour.

» Et puis, ce cher pays où maintenant elle repose vaut mieux qu'il n'en a l'air. Il se défie d'abord, puis il se familiarise... puis il comprend bien des choses...

Elle était si modeste et si chaste, elle saluait le curé de la paroisse avec tant d'humilité et de respect, elle donnait aux pauvres avec tant de joie, elle s'informait des malades avec tant de sollicitude, que la *quarantaine* fut levée peu à peu.

Un jour, la femme de mon jardinier mit au monde un gros garçon et supplia Fernande d'être sa marraine.

Le jardinier était d'un pays voisin, un village dont l'église est isolée du pays et qui se nomme Pré-Gilbert.

Avec un tact exquis elle voulut que le baptême se fît là, le soir, au coucher du soleil.

Le curé vint, défiant lui aussi ; mais elle répondit si bien aux prières, elle tint l'enfant dans ses bras avec une si grande ferveur, elle rougit si pudiquement en écrivant son nom, qui n'était pas le mien, sur le registre des fonts baptismaux, que le bon prêtre de campagne fut touché.

Ce fut en tremblant que j'osai l'inviter à déjeuner pour le jeudi suivant.

Ce fut en souriant qu'il accepta.

Le jeudi, le hasard laissa l'abbé en tête à tête avec Fernande pendant quelques minutes.

Que lui dit-elle? je ne sais, mais quand je le reconduisis à son presbytère, marchant côte à côte avec lui sur le bord du canal, il me dit avec une certaine émotion :

— Où donc avez-vous rencontré cette jeune fille et pourquoi n'en faites-vous pas votre femme ?

Je lui serrai silencieusement la main et je pensai à ma mère.

IV

La bise de novembre vint jaunir les feuilles des arbres.

— Mon enfant, dis-je à Fernande, voici bientôt l'hiver, il fait froid... Si nous retournions à Paris?

Ce mot de Paris lui donna le frisson et la fit pâlir.

— Ne sommes-nous pas bien ici? me dit-elle. Il fait si chaud dans ce grand salon! Le soleil est tiède encore, l'air est si bon, si pur... Et puis, mon ami, n'aimez-vous pas la chasse, et n'est-ce pas le meilleur moment!

Elle regarda Fanfare, une jolie chienne qu'elle aimait.

— Pauvre bête, murmura-t-elle, ton maître veut partir... et tu ne chasseras plus... Ah! c'est bien mal!...

Elle avait des larmes dans les yeux.

— Mon ami, me dit-elle encore, vous savez bien qu'à présent j'ai peur de mourir... Eh bien, si je mourais... à Paris...

oh! je serais si malheureuse!... Car, vous le savez bien, Paris est la terre inhospitalière aux morts; on vous enterre dans un champ de repos si vaste que, même avec la mémoire du cœur, il faut, à ceux qui vous survivent, souvent bien plus d'une heure pour retrouver votre tombe...

— Enfant, répondis-je, vous êtes folle... Vous passerez l'hiver à Paris, vous reviendrez ici au printemps. Mais, ajoutai-je en la prenant dans mes bras, puisque tu n'as pas peur du froid, puisque tu n'es pas attristée par la vue des arbres dépouillés et des prés brûlés par la gelée, restons un mois encore... Nous ne partirons qu'en décembre.

V

Nous revînmes à Paris.

J'allais dans le monde souvent. Fernande voulait toujours donner un coup d'œil à ma toilette. Je n'étais jamais assez élégant, assez soigné.

Pourtant elle restait seule et triste, ces jours-là, lisant ou brodant, et se disant peut-être : « Il a bientôt trente ans... l'âge où on se marie. »

Vers la fin de février, elle tomba malade. Ses fraîches couleurs, que l'air de Cravant avait ramenées, s'en allèrent. Le médecin que j'appelai me dit :

— Il faudrait un autre air que celui de Paris pour la rétablir.

— Ah ! mon pauvre Cravant ! murmura-t-elle ; ramenez-moi vite à Cravant, mon ami. C'est là que je veux mourir si Dieu doit m'enlever à vous.

— Tais-toi, folle! m'écriai-je avec effroi.

Mais elle, souriant toujours :

— Ah! vous ne savez pas, ami, comme il serait bon pour moi de dormir du dernier sommeil dans ce cimetière de campagne qui touche presque à notre maison... Mourir là, ce n'est point mourir, c'est être près de toi sans cesse; il me semble que je t'entendrai marcher, que le pas de ton cheval me fera tressaillir, que les aboiements nocturnes de tes chiens m'éveilleront... Je ne serai morte qu'à demi, comprends-tu?

— Madame, lui dis-je en riant, vous êtes folle et cruelle, vous êtes un monstre, mon cher ange, car tu sais bien que tu ne mourras pas. Cependant tu prends plaisir à m'effrayer...

Elle se jeta à mon cou :

— Je ne sais, dit-elle, mais Dieu est bon et je t'aime tant qu'il ne voudra peut-être pas nous séparer si vite.

VI

Nous revînmes à Cravant vers le commencement d'avril. Huit jours suffirent pour rendre à Fernande sa bonne humeur et sa gaieté.

— Je me sens revivre ici, disait-elle ; cependant...

Elle s'arrêtait et me regardait.

— Cependant, ami, poursuivait-elle après une certaine hésitation, moi qui désirais la mort, j'en ai peur, maintenant, horriblement peur...

Je lui mettais un baiser au front et me taisais...

J'avais de vagues pressentiments, j'avais peur, moi aussi.

Le médecin du pays venait nous voir souvent.

C'était un jeune homme encore, au regard affectueux, au front intelligent. L'aspect grave et enjoué tout à la fois de Fernande lui plaisait.

Un soir qu'il avait dîné chez moi, je le reconduisis :

— Mon ami, me dit-il, Fernande est bien pâle... elle a une constitution bien délicate... songez-y...

Ces paroles furent un terrible avertissement pour moi.

Pourtant l'enfant souriait toujours ; elle s'occupait toujours de sa petite maison avec une sorte de bonheur.

Une affaire en litige assez importante m'appelait souvent à Paris.

Lorsque je partais, Fernande venait me conduire au chemin de fer.

— Reviens bien vite, me disait-elle. Voici que j'ai vingt et un ans, et on m'a prédit que je n'en aurais jamais vingt-deux.

Je partais la tristesse dans l'âme, je revenais avec la rapidité de l'espoir.

L'été s'écoula ; puis vint l'automne avec ses feuilles mortes, ses bises aiguës, ses grands feux de sarment.

Fernande pâlissait de plus en plus, son regard devenait mélancolique, ses lèvres se décoloraient.

Je ne le voyais pas.

Notre ami le docteur venait la voir souvent ; mais il n'osait ni m'effrayer ni l'effrayer.

— Mon pauvre docteur, lui dit-elle un jour, n'est-ce pas que je suis bien malade ?

— Mais non, madame, répondit-il avec une certaine émotion.

— Votre voix tremble, docteur... Écoutez, je suis si heureuse maintenant, que s'il dépendait de moi de vivre, — de vivre pour notre ami, vous savez... ah! je ferais l'impossible...

— Madame, disait le docteur, savez-vous ce qu'il faut faire ?...

— Parlez, docteur.

— Il vous faut chasser ces vilaines idées qui vous tourmentent, vous lever de bonne heure, faire de grandes promenades, aspirer le grand air... boire du vieux vin...

— Docteur, disais-je à mon tour quand j'étais seul avec l'excellent homme, Fernande m'inquiète... elle est plus pâle, plus délicate que jamais... qu'en pensez-vous?

Le docteur se taisait.

Mais quel est l'homme qui n'a pas au fond du cœur cette plante vivace aux racines vigoureuses et charnues qu'on nomme l'espérance?

Fernande avait beau pâlir, je ne croyais pas à la destinée.

Novembre arriva et s'écoula tout entier. Vers le fin de ce mois, l'enfant devint si faible, si chétif, que tout le monde autour d'elle s'en apercevait.

Tout le monde... excepté moi...

VII

Il vient une heure où on se familiarise avec la douleur et la maladie.

J'avais fini par m'habituer à voir souffrir Fernande et je ne croyais plus à la gravité de son mal.

— Avec le temps, me disais-je, nous triompherons de cette faiblesse extrême... J'ai su depuis, hélas! que la pauvre enfant me dissimulait avec un courage inouï ses souffrances.

L'été fut assez bon pour elle ; mais le mal revint avec la chute des premières feuilles.

Les jours où je partais de grand matin pour la chasse, Fernande demeurait tard au lit. Sa faiblesse avait augmenté. Les jours où je travaillais, elle avait le courage de se lever de bonne heure.

Un matin, comme j'entrais dans sa chambre, elle me dit :

— Mon pauvre ami, j'ai voulu te le cacher longtemps, mais il faut bien que je te l'avoue : je suis plus malade que jamais.

Elle avait un accent si convaincu que je courus chez le docteur, tout alarmé.

— Voyons, cher docteur, lui dis-je, ne me cachez rien... que dois-je faire?

— Mon ami, me répondit-il, Fernande est jeune. Dieu et la jeunesse peuvent beaucoup là où la science est quelquefois impuissante.

Je rentrai chez moi sombre et le désespoir au cœur.

Le lendemain, Fernande souriait et me disait : — Je ne souffre plus, je me sens mieux.

Décembre arrivait ; son approche donnait le frisson à la pauvre enfant.

— Mon Dieu, me disait-elle, il va donc falloir bientôt retourner à Paris? que c'est triste! tu ne sais pas que j'ai peur de n'en point revenir ?

Oh ! le cimetière Montmartre, les vastes tombes, et cette forêt de croix... c'est mourir deux fois qu'être là!

Le 4 décembre une lettre m'arriva. Ma présence était nécessaire, indispensable à Paris.

Cependant Fernande était si souffrante que j'hésitais à partir ; mais elle l'exigea au nom de mes intérêts, au nom de l'affection que j'avais pour elle, et je cédai.

Mon absence fut courte et pourtant le mal en profita pour faire d'effrayants progrès.

Le lendemain de mon départ, la pauvre enfant fut contrainte de garder le lit et ne put se lever.

Le jour suivant, mon domestique m'écrivit quelques lignes en cachette, car elle ne voulait pas qu'on me rappelât, disant que je devais rester à Paris pour mes affaires.

Je revins précipitamment. J'arrivai vers quatre heures du matin, par la diligence ; j'entrai dans la cour à l'aide de mon passe-partout, et soudain je m'arrêtai, la sueur au front, les cheveux hérissés... mon cœur avait tout à coup cessé de battre. Je voyais, derrière les persiennes de la chambre de Fernande, une petite lueur discrète, tremblotante ; il me sembla que c'était son cierge mortuaire.

Combien de temps serais-je resté là immobile, sans voix, m'appuyant défaillant à la balustrade du perron, sans oser en monter les degrés ? je ne sais, tant mon effroi était grand ! heureusement mon chien d'arrêt se chargea, par ses aboiements de joie et ses caresses, d'avertir les domestiques de mon arrivée.

En même temps, j'entendis la voix fraîche et sonore de Fernande :

— C'est monsieur, disait-elle, courez vite !

Je m'élançai ivre de bonheur, j'enfonçai la porte qui tardait à s'ouvrir, je me précipitai dans la chambre de Fernande et la pris dans mes bras.

Elle était souriante et calme.

— J'ai été bien malade, me dit-elle, j'ai failli mourir, et le docteur a voulu qu'on me veillât nuit et jour ; mais depuis hier soir je vais mieux... et c'est tout simple, ami, puisque tu es en route depuis hier soir : chaque heure te rapprochait de moi.

Je m'étais assis sur le pied de son lit et je la regardais. Elle était plus pâle que jamais, et cependant sa voix était vibrante, son œil limpide.

J'avais pris ses deux mains dans les miennes, et je les couvrais de baisers.

— Oh! oui, répétait-elle, je vais mieux, ami, mais le mal a des trahisons sans nombre; qui sait? ne va pas te rassurer trop tôt...

— Enfant!

— J'ai eu le délire, il y a deux jours, poursuivit-elle, et dans mon délire j'ai vu d'affreuses choses.

— Folle!

— Du reste, tu verras ce que dira notre bon ami le docteur... Il entre toujours ici d'un pas dégagé, un sourire aux lèvres, il parle de mon *indisposition* comme d'une migraine sans importance. Mais alors, pourquoi vient-il trois fois par jour... Pourquoi veut-il qu'on me veille?... J'ai surpris des larmes dans ses yeux, hier matin...

Malgré moi, je me tournai vers la garde-malade; et je compris aussitôt, à son visage triste, que Fernande avait raison et que, sans doute, le docteur ne conservait que peu d'espoir.

Celui-ci vint au petit jour.

— Ah! dit-il en la regardant, vous avez passé une bonne nuit, n'est-ce pas?

— Excellente, docteur.

— Je le vois bien, vous êtes mieux, beaucoup mieux.

Et se tournant vers moi :

— Si cela continue ainsi pendant quelques jours, peut-être vers la fin de la semaine pourrez-vous l'emmener. Il faut passer le jour de l'an à Paris, madame.

VIII

Fernande fut assez bien durant toute la journée du dimanche. Le docteur revint. Je vis briller un rayon d'espoir dans ses yeux.

— Mon ami, me dit-il quand nous fûmes seuls, tout dépend de la nuit prochaine....

Ces mots me glacèrent.

Ah! le souvenir de cette nuit demeurera gravé dans ma mémoire et ne s'effacera jamais.

— Assis dans un grand fauteuil, au chevet de l'enfant, je la regardais avec une anxiété que je cherchais à cacher sous un sourire.

Vers dix heures, Fernande s'endormit d'un somme paisible, régulier.

Pendant deux heures, penché sur elle, j'écoutai sa respiration, épiant son visage et quelquefois touchant ses mains et effleurant de mes lèvres son large front.

Ses mains étaient glacées, le front à peine tiède.

Tout à coup, vers minuit, elle s'éveilla et jeta un cri de douleur et d'effroi.

— Ah! mon Dieu! mon Dieu! murmura-t-elle. Mon Dieu, qu'ai-je vu ?... Oh! je souffre...

Et elle portait tour à tour sa petite main de sa poitrine, où sans doute elle éprouvait une violente douleur, à son front, où elle semblait vouloir fixer un fugitif souvenir.

Elle m'aperçut et son effroi se calma.

— Tu es là, me dit-elle, là, toujours !... Tu es bon, ami, bon et généreux...

— Je t'aime! répondis-je.

— Pauvre ami, fit-elle, si tu savais...

— Mais quoi, enfant ?

— Je viens de voir ma mère, ma mère morte en me donnant le jour... Le ciel s'est entr'ouvert, ma mère en est descendue... Elle est venue ici... Elle s'est assise là où tu es, et elle m'a fait signe de la suivre... Mon Dieu! je le sens, je vais mourir...

Je m'efforçai de la rassurer, je n'y pus parvenir.

— Non, me dit-elle, non, ami, ne te fais pas illusion plus longtemps... Je vais mourir... Ne pâlis point, ne tremble pas... car la mort n'est qu'un sommeil... car mourir jeune et aimée c'est un triomphe... car mourir près de toi c'est encore être heureuse...

Je la couvrais de baisers, je tâchais de sourire, je la traitais de folle, je lui disais que jamais elle n'avait été mieux...

Que sais-je ?

Mais elle, redevenue calme, tranquille, un sourire de résignation aux lèvres, me tendit la main et me dit :

— Écoute-moi bien, mon ami, écoute-moi et ne m'interromps pas, car ma voix pourrait faiblir, car l'heure est prochaine peut-être.

— Parle, enfant, murmurai-je, frappé et pour ainsi dire dominé par la solennité de ses paroles. Je ne crois pas, je ne veux pas croire que tu puisses mourir, mais je ne veux pas te contrarier.

— Ami, reprit-elle, me regardant avec ses grands yeux limpides, tenant toujours ma main dans sa pauvre petite main amaigrie et déjà glacée, le jour où tu recevras mon dernier soupir, j'emporterai ta jeunesse; pour toi se lèvera l'aube première de l'âge mûr. L'été vient après le printemps; le soleil sèche les pleurs de la rosée; un sourire plus grave, le sourire de la trentième année, remplace le rire bruyant de l'adolescence.

Mais alors, mon ami, la vie est bonne encore, les fleurs ont encore du parfum, et l'espérance voit s'épanouir de nouveaux bourgeons sur la tige verte.

J'ai été la femme de ta jeunesse, la compagne stérile et solitaire qui ne laissera, hélas! qu'un souvenir après elle, un souvenir qui, douleur violente d'abord, finira par devenir plus doux.

Après moi, ami, un autre ange viendra s'asseoir à ton foyer; et ce foyer, qui sera désert demain, se repeuplera peu à peu; et tu seras bien étonné de donner une larme à ta pauvre maîtresse morte, au milieu de ta femme au front grave et pur, de tes enfants mutins et rieurs.

Fernande parlait, obéissant à une sorte d'inspiration qui semblait être la suite de son rêve.

— Car, vois-tu, poursuivit-elle, j'étais cet ange exilé du ciel, qui, pour y remonter, aura besoin de ta prière; mais elle, *elle*, cette femme inconnue et que, dans l'avenir, je vois entrer ici, elle aura toujours eu une mère, elle aura été élevée dans le sanctuaire de la famille, et, comme elle t'aimera, elle ne sera point jalouse de la pauvre trépassée qui t'avait prédit sa venue; elle ne s'irritera point de me savoir couchée sous les lilas de ce modeste champ de repos que j'ai contemplé si souvent le matin en ouvrant ma fenêtre et vers lequel un mystérieux pressentiment m'attirait.

Fernande cessa de parler; je pleurais à chaudes larmes.

Cependant, j'étais aveugle encore et je ne croyais pas..... et j'espérais toujours...

Le docteur vint au point du jour.

— Mon cher docteur, lui dit Fernande, dites donc à notre ami qu'il est bien vrai que je vais mourir...

Le docteur se prit à rire; il eut un rire nerveux, mensonger.

— Ah! vous aussi, vous êtes bon, dit-elle, vous aussi, vous voulez me donner de l'espoir;... mais cet espoir n'est pas dans vos yeux, docteur...

Puis, comme il n'avait plus le courage de protester et gardait un morne silence, un silence que, dans mon aveuglement, je n'osais encore comprendre :

— Savez-vous bien, mes amis, reprit-elle, que je suis née dans un pays de religion et de vieille loyauté, qu'on m'a conduite à l'église chaque dimanche, que je me souviens toujours de ma première communion, et que je veux mourir réconciliée avec Dieu ? Je n'ai pas grand'chose à me reprocher. J'ai été plus malheureuse que coupable, et je me suis bien repentie, allez! et puis Dieu est bon... et monsieur le curé ne me refusera pas ses consolations, n'est-ce pas?

— Ah! chère enfant... murmurai-je, si tu devais quitter sitôt ce monde, ce serait pour aller au ciel.

— Je l'espère, dit-elle avec la ferveur d'une sainte. . .

. . . .

IX

— Mon ami, me disait le docteur, le soir de ce jour, je n'ai pas voulu que vous prévinssiez le ministre de Dieu parce que j'ai encore une lueur d'espérance; mais elle est si faible... si faible... Laissons passer cette nuit encore... après... nous verrons!

Ah! si les souvenirs de ma pieuse enfance me sont jamais revenus en foule, si j'ai songé jamais à mes vieux oncles austères et graves, à ma mère et à ma sœur qui récitaient tout haut la prière du soir, dans le grand salon de la maison paternelle, à mon aïeul qui courbait sa tête blanche auprès de mon père, presque aussi vieux que lui, — ce fut certainement alors.

J'ai prié longtemps...

X

La nuit s'écoula.

Je la passai dans un fauteuil, auprès du lit de Fernande.

Elle dormit paisiblement; mais sa respiration était si faible, si faible que plusieurs fois le frisson me prit.

Au matin, elle s'éveilla, ouvrit les yeux et m'aperçut.

Son charmant sourire, un peu mélancolique, des bons jours, lui revint.

— Pauvre ami, me dit-elle, comme tu es bon d'être toujours là, près de moi.

— Eh bien ! lui demandai-je avec émotion, comment te sens-tu ?...

— Merci, me dit-elle, j'ai si bien dormi !

— Tu ne souffres plus ?

— Non, mais...

Elle hésita et me regarda longtemps avant de parler.

— Écoute, ami, me dit-elle enfin, n'as-tu pas toujours entendu dire qu'on cesse de souffrir la veille du jour fatal?

— Tais-toi ! folle...

Un coup de cloche matinal nous interrompit.

C'était le docteur qui arrivait.

L'excellent homme entra dans la chambre de Fernande avec une sorte de précipitation qui dissimulait mal son angoisse.

Il prit la main de l'enfant et attacha sur elle ce regard du médecin qui fait toujours pâlir.

— Mais, dit-il, vous êtes beaucoup mieux, madame; vous avez passé une bonne nuit, n'est-ce pas?

— Excellente, docteur; notre ami était là, c'est tout simple.

Le docteur était grave, recueilli. J'épiais en vain dans son œil un rayon de joie.

Il prit une plume, écrivit une ordonnance et me dit :

— Montez à cheval, allez à V... vous-même; il faut rapporter cette potion sur-le-champ.

Puis, comme j'hésitais à sortir, il se leva, disant :

— Je sors avec vous une minute et je reviens; j'ai un malade à voir de l'autre côté de la route.

Nous sortîmes.

— Ah! docteur, lui dis-je alors vivement en lui prenant le bras, n'est-ce pas qu'elle va mieux, beaucoup mieux?

— Oui, me dit-il, mais...

— Docteur, vous me faites mourir, parlez.

— Savez-vous, mon ami, que le mal de notre pauvre Fernande n'est qu'un long épuisement des forces vitales?

— Hélas! je le sais.

— Il y a si peu d'huile dans la lampe que le moindre souffle peut l'éteindre...

— Mais puisque... elle va mieux?

Le docteur soupira et ne répondit point. Mais tout à coup il me dit :

— Partez, mon ami, le remède que vous allez chercher constitue ma dernière espérance.

Deux minutes après, je galopais sur la route de V...

XI

Or, pendant mon absence, voici ce qui se passa :

Le docteur revint auprès de Fernande, reprit sa main dans la sienne et lui dit :

— Où êtes-vous née, madame?

— A Avranches, docteur, répondit-elle.

— Vous êtes d'un pays religieux et plein de foi, madame.....

Elle l'arrêta d'un geste.

— Mon pauvre docteur, dit-elle, toujours souriante, toujours calme, je lis dans vos yeux... je devine le sens de vos paroles.

— Madame...

Elle tourna la tête vers la croisée qui donnait sur la cour.

— Il est parti, n'est-ce pas ?

— Oui.

— Alors parlez, docteur, parlez sans crainte ; dites-moi que mon heure approche et que je dois me réconcilier avec Dieu.

— Mais... madame...

— Parlez, docteur, je suis forte ; ou plutôt, reprit-elle, laissez-moi parler, moi ; laissez-moi vous dire que je suis une pauvre enfant à qui Dieu avait retiré sa main et que Dieu rappelle à lui. J'ai aimé le beau et le bien ; j'ai été plus malheureuse que coupable ; et, tenez, il y a si longtemps que je prie et me repens, il y a si longtemps que j'aspire au ciel, que Dieu ne m'en refusera pas l'entrée.

Une larme silencieuse roulait sur la joue du docteur.

Fernande reprit :

— Soyez bon et excellent jusqu'au bout, docteur, allez voir monsieur le curé... je vous en supplie...

Le docteur se leva sans dire mot.

. . . .

Une heure après, j'étais de retour de V... et je fus étonné de voir la grande porte de la cour ouverte.

Plusieurs personnes étaient dans la cour et sur les marches du perron, silencieuses, graves, la plupart agenouillées.

— Mon Dieu ! m'écriai-je tout frissonnant, en me précipitant dans la chambre de Fernande.

Le curé, revêtu de son surplis, s'y trouvait.

Je compris tout et je m'arrêtai défaillant sur le seuil.

L'enfant s'était soulevée à demi, elle avait joint ses petites mains et levait ses grands yeux vers le ciel.

Le prêtre lui parlait bas à l'oreille.

Fernande était réconciliée avec Dieu.

XII

— Mais, mon ami, me disait Fernande apres le départ du prêtre, — et sa voix était toujours claire et fraîche, — mais, mon ami, on ne hâte point sa mort parce qu'on fait appeler monsieur le curé. Pourquoi pleures-tu ? Qui sait? espère encore, ami...

Je couvrais ses mains de baisers, et j'étais si ému que je ne pouvais proférer une parole.

Le temps était affreux depuis plusieurs jours, et ce fut avec un cri de joie que la pauvre enfant accueillit un rayon de soleil qui, tandis qu'elle parlait, se dégagea des gros nuages que le vent chassait à l'horizon.

— Ah ! me dit-elle, écarte les rideaux, ouvre-moi même un peu la fenêtre, que j'aperçoive nos grands arbres et notre jardin une fois encore.

Je n'osai lui résister.

Une bouffée d'air glacé me fouetta la figure comme j'ouvrais la fenêtre, et je me hâtai de la refermer.

— Non, dis-je, il fait trop froid..... Regarde à travers les vitres.

Et je fis glisser les petits rideaux sur leurs tringles.

Le pâle rayon de soleil d'automne glissa un moment à la cime des arbres, dora le toit du colombier, jeta une lueur de joie au milieu de cette tristesse profonde du jardin dépouillé et jauni. Tant qu'il brilla, Fernande eut les yeux fixés sur le jardin ; puis, lorsqu'il se fut éteint, elle soupira :

— C'est un avertissement, murmura-t-elle bien bas... Tout s'éteint, en ce monde, — le rayon du soleil, le sourire, la vie.

— Mais, mon enfant, m'écriai-je, tu t'exagères bien certainement ta situation. Quand on est si près de mourir que tu le dis, on n'a point la voix fraîche et pure et le regard limpide ; ceux qui vont mourir n'ont point comme toi le sourire aux lèvres...

La porte s'ouvrit et je vis entrer le docteur.

— Ah! venez, lui dis-je, venez, mon ami, je crois que la potion que j'ai rapportée a déjà produit un bon effet. Dites, n'est-ce pas?

— Oui, dit le docteur qui n'avait pas revu Fernande depuis le matin.

Une légère coloration était montée au front de l'enfant. Cette rougeur frappa le docteur comme un symptôme de bon augure.

— Les mains sont plus chaudes, me dit-il. Allons! décidément, ajouta-t-il en souriant, je crois bien que nous en aurons été quittes pour la peur.

Fernande le regarda avec gravité.

— Prenez garde, dit-elle, je me suis résignée, docteur; n'allez point me donner de folles espérances...

— Si la nuit prochaine est bonne, madame, répondit le docteur, je réponds de vous.

Il disait cela avec un accent convaincu qui vibra au fond de mon cœur.

Je me penchai sur Fernande et je la couvris de baisers.

. . . .
. . . .

Quand j'accompagnai le docteur, il m'entraîna dans le jardin :

— N'espérez pas trop vite, me dit-il. La lutte est suprême entre le mal qui marche lentement et la jeunesse qui défend le terrain pied à pied.

Si Fernande doit mourir, elle sera morte avant demain...

Je reculai foudroyé...

— Si elle passe la nuit prochaine, elle vivra...

J'étais pâle et chancelant. L'excellent homme me prit la main :

— La potion que j'ai prescrite, poursuivit-il, est le réactif le plus puissant que je connaisse. C'est à elle que nous devons d'avoir obtenu cette légère chaleur aux mains, et ce coloris fugitif qui monte aux joues de notre chère malade. Si cette chaleur persiste et augmente graduellement d'ici à ce soir, acheva le docteur, nous sommes sauvés!

— Dieu vous entende! murmurai-je.

Je reconduisis le docteur par le petit boulevard qui fait le tour du village, et je ne le quittai qu'à la porte de sa maison.

18

— Espérez... et priez!... me dit-il en serrant une dernière fois ma main. A ce soir...

. . . .

Comme je revenais à pas lents, le front penché, je rencontrai une pauvre femme qui m'aborda en me disant :

— Comment va madame Fernande, monsieur?

— Mal, mère Siméon, répondis-je. Le docteur n'a que peu d'espoir...

— Ah! monsieur, me répondit-elle, il ne faut pas vous effrayer trop vite... le docteur a souvent condamné des gens qu'il a fini par sauver, allez!

— Dites-vous vrai, mère Siméon?

— C'est son système, voyez-vous, poursuivit la paysanne. Il n'est pas comme ces jeunes médecins qui se disent toujours sûrs de sauver leurs malades, et qui les laissent mourir. M. J..., voyez-vous, est un homme prudent ; il aime mieux vous préparer à un malheur que vous laisser trop de confiance ; mais il exagère souvent un peu... Prenez courage, monsieur, c'est un savant homme, le docteur...

— Et, ajoutai-je, Dieu est bon !

La pauvre femme venait de me mettre au cœur un ardent espoir.

— Ah ! pensai-je en regagnant la maison, elle a raison peut-être, la mère Siméon, le docteur est pessimiste de parti pris...

XIII

Je passai le reste de la journée assis au chevet de Fernande.

Pendant plusieurs heures, ses mains conservèrent cette chaleur qui paraissait de bon augure à l'homme de science; son front, depuis longtemps glacé, se réchauffa pareillement.

Il me semblait que la vie revenait. Cependant une chose m'effraya et vint ébranler mon espoir : Fernande fut prise de caprices divers, elle qui était la raison même.

Elle voulut d'abord qu'on lui apportât sa corbeille à ouvrage, dans laquelle elle fit chercher je ne sais quoi. Puis elle me pria de lui lire quelque chose.

Ensuite elle interrompit ma lecture et me dit qu'elle voulait causer avec moi de mes affaires de Paris.

Elle ne parlait plus de son mal ni de sa fin prochaine.

Ce bizarre revirement d'esprit avait quelque chose d'insolite qui épouvantait. La nuit arriva, le docteur revint.

Depuis que Fernande était malade, j'avais fini par distinguer le docteur de toute autre visiteur, à sa façon de sonner.

Je courus donc à sa rencontre.

— Venez, docteur, lui dis-je, il y a du mieux... toujours du mieux.

— La chaleur persiste-t-elle ?

— Oui, mais....

— Mais quoi ? me demanda-t-il.

— Mais elle a des caprices... qui me font peur....

Et je lui racontai les mille fantaisies que Fernande avait manifestées dans l'après-midi.

— Voilà qui est étrange, en effet, me dit-il. Peut-être a-t-elle un peu de fièvre... peut-être...

Le docteur ne compléta point sa pensée. L'aboiement d'un chien nous fit tressaillir tous deux, — un aboiement sinistre, lugubre....

— Êtes-vous superstitieux ? me demanda le docteur.

— J'ai toujours entendu dire, répondis-je, que les chiens hurlent à la mort.

— Moi aussi....

La voix du docteur était sourde, tremblante comme la mienne, et sa main trembla dans ma main....

Mon chien continuait à hurler.

XIV

Le docteur me prit par le bras : — Allons! venez, me dit-il, venez... et soyez fort !

Fernande avait les yeux tournés vers la porte quand nous entrâmes. Son regard était morne et il avait acquis une sorte de fixité. On lui avait exhaussé la tête avec des oreillers, car depuis une heure environ, elle n'avait plus la force de se soulever.

Le docteur s'approcha et lui prit la main.

— Eh bien? dit-il.

— C'est fini, répondit-elle tout bas.

J'entendis ce mot et jetai un cri.

— Tu es folle ! lui dis-je en me penchant sur elle et collant mes lèvres à son front.

Elle me regarda longtemps, bien longtemps sans me répondre.

— Pauvre ami ! dit-elle enfin.

Et s'adressant au docteur :

— Mais dites-lui donc, fit-elle, que l'heure de l'espérance est passée, mon cher docteur.

Le docteur garda le silence et s'assit au chevet de l'enfant.

Une heure s'écoula.

Pendant cette heure, je tins constamment la main de Fernande dans la mienne.

Cette main était froide, elle devint glacée.

De temps en temps, j'appuyais mes lèvres sur son front.

Son front, qui avait longtemps conservé un reste de chaleur, se refroidissait peu à peu, comme les mains.

Nous n'osions plus parler, le docteur et moi : nous avions compris que l'heure fatale approchait.

Tout à coup, le docteur regarda la pendule.

Fernande suivit son regard.

— Vous mesurez mes derniers instants, n'est-ce pas ? dit-elle d'une voix qui, sonore encore un peu auparavant, s'était affaiblie tout à coup.

Le docteur essaya de sourire ; il avait des larmes dans les yeux.

Puis sa main chercha une main qu'elle pressa énergiquement.

— Ami, murmura Fernande, ami... sois fort !...

Elle laissa tomber sa tête sur l'oreiller, et son regard eut quelque chose d'égaré.

Dix minutes s'écoulèrent encore, puis il se passa une scène douloureuse et terrible que je n'oublierai de ma vie.

L'enfant, qui souriait encore tout à l'heure, se souleva brusquement, serra ma main et me dit :

— Ah! c'est ce soir que je vais mourir!

Il y avait un tel accent de conviction dans sa voix, que ni le docteur ni moi nous n'avions le courage de protester.

Ce dernier se pencha à mon oreille et ne prononça qu'un mot :

— Le prêtre!

Ce mot, mon domestique l'entendit.

Le pauvre garçon était là depuis une heure, dans un coin, n'osant faire un mouvement, n'osant prononcer un mot.

Il se dirigea lentement vers la porte, et je devinai qu'il avait compris.

Hélas! monsieur le curé était dans le salon déjà, au milieu d'une dizaine de personnes du voisinage et de la maison qui savaient que Fernande était au plus mal et qui n'osaient entrer.

M. le curé vint.

Fernande, en le voyant franchir le seuil de la porte, essaya de sourire encore... Elle voulut prononcer quelques mots et ne le put, car sa voix s'éteignit tout à coup...

Elle ne put que joindre les mains.

. . . .

Tout à coup aussi il lui revint une énergie subite, une force factice d'une seconde, au moment où le prêtre achevait de l'administrer.

La voix lui revint.

— Laissez entrer tout le monde, dit-elle, je veux dire adieu à tout le monde!

Et l'on ouvrit la porte, et le lit d'agonie de la pauvre enfant fut entouré.

Tout le monde s'agenouilla, et le curé récita les prières des agonisants.

Le docteur tenait une des mains de Fernande, j'avais toujours l'autre dans les miennes...

A partir de ce moment, Fernande ne parla plus; ses yeux se tournèrent insensiblement, sa respiration s'embarrassa...

Au dernier moment, ses yeux déjà voilés se rouvrirent, elle fit un suprême effort pour se soulever, sa main essaya de serrer la mienne, ses lèvres s'entr'ouvrirent...

— Adieu... au revoir !... murmura-t-elle.

J'avais collé ma bouche sur sa bouche... j'ai reçu son dernier soupir...

— L'ange est au ciel ! dit le docteur, dans les bras duquel je me laissai tomber défaillant.

. . . .

XV

A STÉPHEN

14 décembre, sept heures du matin.

Ami, Fernande est morte cette nuit dans mes bras. Elle est morte en souriant, en me disant : « Au revoir ! » en agitant ses pauvres lèvres décolorées pour m'envoyer un dernier baiser.

Depuis cinq heures je suis agenouillé près de son cadavre.

L'ange du ciel paraît dormir : la mort l'a respectée. Elle a encore un sourire aux lèvres, elle est toujours belle...

Oh ! je fais un rêve affreux ! Ce n'est pas vrai !... mon enfant n'est pas morte !

. . . .

La neige tombe depuis hier soir, onze heures et demie. Fernande est morte à onze heures et un quart.

Le jardin, la maison, le village, tout est blanc !...
Je ne sais pas, mais il me semble que je vais mourir aussi. Je suis fou...

Adieu.

XVI

A STEPHEN.

14 décembre, onze heures du soir.

Le docteur m'a emmené chez lui. Je n'avais plus ni volonté, ni raison. J'ai fait ce qu'il a voulu.

Le docteur a une jeune et charmante femme ; une mère bonne entre toutes, une petite fille de huit ou neuf ans, qui est toute triste de me voir pleurer.

Ils m'ont reçu comme un vieil ami, comme l'enfant de la maison. Je crois qu'ils ont mis des bourrelets aux portes et aux fenêtres pour que je n'entendisse point le glas funèbre de ma Fernande bien-aimée.

. . . .

Aristide, mon pauvre domestique, tu sais, que Fernande

aimait parce qu'il m'est dévoué et fidèle, Aristide est venu prendre mes ordres tout à l'heure.

Je ne veux pas qu'on touche à Fernande ; je ne veux pas que d'autres que les gens de la maison veillent auprès de son pauvre corps.

Le jardinier et sa femme la placeront dans son cercueil.

On me dit qu'ici ce n'est point l'usage que le mari accompagne sa femme au champ du repos. Ah ! c'était presque ma femme aux yeux du monde, c'était ma femme devant Dieu !...

Je n'irai pas, je ne veux pas donner ma douleur en spectacle ; mais j'ai deux bons amis ici, le docteur et mon voisin N... R... qui conduiront le deuil. Mon Dieu! si tu étais ici !...

Je n'ai pas la force d'écrire. J'ai besoin de pleurer.

Adieu ! je t'écrirai demain.

XVII

A STÉPHEN.

15 décembre, dix heures du matin.

Tout est fini...

C'est-à-dire qu'après avoir passé la nuit à pleurer, couché dans la maison du docteur, j'avais succombé à une sorte de torpeur physique et morale; un coup de cloche m'a réveillé! Oh! les cloches!...

Je les ai entendues pendant une heure, mon ami; et chaque tintement m'entrait dans le cœur comme un coup de poignard....

Pourtant il y avait de la neige, et l'on dit que la neige assourdit le bruit.

N... R... est entré dans ma chambre vers huit heures.

— Ne vous levez pas, m'a-t-il dit. Il fait froid...

J'ai eu un horrible pressentiment :

— Ah ! lui ai-je dit, je devine, c'est l'heure, n'est-ce pas ? ils vont passer là... sous les fenêtres....

Et j'ai sauté hors de mon lit ; j'ai ouvert la fenêtre ; je me suis penché dans la rue...

Au bruit des cloches se mêlait un chant d'église ; j'ai vu apparaître des vêtements blancs, le prêtre, une croix, et derrière...

La bière de Fernande a passé sous la fenêtre et je me suis évanoui...

. . . .

XVIII

DE STÉPHEN.

Cravant, 16 décembre, dix heures du matin.

Ami,

Nous nous sommes croisés à Auxerre. Tu partais pour aris, à moitié fou de douleur. J'accourais, moi, pour t'em-
ener.

Je suis arrivé hier soir à huit heures, je suis entré dans ta maison où ne brillait plus aucune lumière, et j'ai comris que j'arrivais trop tard pour les funérailles.

Les domestiques étaient assis tristement autour du feu; la aison tout entière était plongée dans le silence.

J'ai voulu voir la chambre de notre chère morte, j'ai posé es lèvres sur le bas de la robe qu'elle portait encore huit urs avant sa mort.

Ce matin, j'ai fait demander au curé la clef du cimetière et je suis allé à travers la neige jusqu'à la tombe fraîche. Je me suis agenouillé et j'ai prié...

Pauvre Fernande ! nous n'irons plus, comme autrefois, nous asseoir au bord du ruisseau qui coule le long des peupliers du jardin !...

Mais console-toi, ami, la mort n'est qu'un sommeil. Tout ne s'est point éteint dans l'enfant que nous pleurons. Il y a quelque chose d'elle qui flotte autour de moi, dans cette maison qu'elle aima, sous les grands arbres de ce jardin où elle courait rieuse et folle.

Ce quelque chose, ami, c'est son intelligence, sa bonté, sa vertu ; c'est l'âme de la compagne de ta jeunesse qui va désormais te suivre dans la vie, qui te protégera et te donnera du courage.

Non, ami, Fernande n'est pas morte tout entière ; elle t'a précédé dans les régions inconnues où, sans doute, la vie est meilleure.

Elle est partie avant toi, mais tu la reverras... Dieu réunit tôt ou tard ceux qui se sont saintement et ardemment aimés !

STÉPHEN.

XIX

DU DOCTEUR J...

Avril... 1860.

Mon ami, avril touche à sa fin, voici le printemps, vos lilas fleurissent et la tombe de notre morte aimée est couverte de petites fleurs blanches et bleues...

Ne reviendrez-vous pas à Cravant. Nous vous entourerons, nous vous parlerons d'elle... Pourquoi ne reviendriez-vous pas ?

XX

AU DOCTEUR J...

24 avril 1860.

J'irai, docteur, j'irai, mon ami. Vous me verrez bientôt revenir dans ma maison si petite jadis et si grande aujourd'hui.

La terre sur laquelle vivent nos amis, la terre sous laquelle reposent les cendres de ceux que nous avons aimés, n'est-elle pas la vraie, la seule patrie?

Je ne veux plus de l'exil... attendez-moi.

Fin.

LES

ORANGES DE LA MARQUISE

I

La marquise était à sa toilette.

Florine et Aspasie, deux soubrettes comme M. de Marivaux en savait créer, poudraient à frimas la séduisante veuve.

Elle était veuve, la marquise, veuve à vingt-trois ans, et riche comme on ne l'était presque plus à la cour du roi Louis XV, son parrain.

Vingt-trois années plus tôt, Sa Majesté l'avait tenue sur les fonts baptismaux de la chapelle de Marly, et elle lui avait constitué cent mille livres de rentes, afin de prouver à son père, le baron de Fontevrault, qui lui avait sauvé la vie à la bataille de Fontenoy, que les rois sont reconnaissants, quoi qu'on veuille bien en dire.

La marquise était donc veuve ; elle habitait, l'été, un charmant petit castel situé à mi-côte, au bord de l'eau, sur la route de Bougival à Saint-Germain. Elle était voisine de terre de madame Dubarry, et, en ouvrant les yeux, elle voyait, du fond de son alcôve, se dresser, sur les hauteurs, les pignons blancs et les grands marronniers de Luciennes. Ce jour-là, il était midi; la marquise, tandis que ses camérières la coiffaient et l'attifaient avec un goût infini, s'occupait gravement à faire sauter, l'une après l'autre, deux belles oranges qui se croisaient dans l'air et retombaient dans sa main blanche et mignonne, qui les arrêtait dans leur chute.

Ce petit manége, que la marquise interrompait quelquefois pour se poser une mouche au coin de la lèvre ou regarder l'heure, d'un air ennuyé, à la pendule rocaille qui marquait dans le boudoir les instants précieux que le temps enlevait à la belle veuve, durait depuis dix minutes, lorsque la porte s'ouvrit à deux battants, et un valet, le dernier valet de comédie, annonça d'une voix majestueuse :

— Le roi !

Il paraît que la marquise était habituée à une pareille visite, car elle ne se souleva qu'à demi, et salua de son plus frais sourire le personnage qui entrait.

C'était bien Louis XV lui-même.

Louis XV à soixante-cinq ans, mais vert, droit, la lèvre souriante, l'œil guilleret, et vêtu d'un galant justaucorps de chasse gris-perle qui lui seyait à ravir.

Il avait sous le bras un joli fusil à la crosse enrichie d'incrustations de nacre. Une petite carnassière, destinée seulement à contenir ses munitions, était suspendue à son épaule.

Le roi venait de Luciennes, presque seul, avec un capitaine des gardes, le vieux maréchal de Richelieu, et un piqueur à pied. Il s'était plu à tirailler des cailles dans les luzernes, chargeant son fusil lui-même comme ses ancêtres, les derniers Valois et les premiers Bourbons.

Le Béarnais, son aïeul, n'aurait pas agi plus simplement et avec moins de façons.

Une giboulée était survenue. Le roi n'aimait pas la pluie; il prétendait que le feu d'une batterie ennemie était moins désagréable que ces gouttes d'eau menues et serrées qui le pénétraient et lui rappelaient ses rhumatismes.

Heureusement il se trouvait à cent pas de la grille du petit castel lorsque la première averse arriva, et il était venu se réfugier chez sa filleule, renvoyant sa suite et ne conservant avec lui qu'un magnifique chien d'arrêt dont la généalogie, établie minutieusement par le duc de Richelieu, remontait directement, avec quelques fautes d'orthographe plus que légères, à Nisus, ce lévrier fameux que Charles IX donna à son ami Ronsard, le poëte.

— Bonjour, marquise, dit le roi en entrant et déposant son fusil dans un angle. Je viens vous demander l'hospitalité. La pluie nous a pris à votre porte, Richelieu et moi; j'ai renvoyé Richelieu...

— Ah! Sire, c'est peu aimable.

— Chut! fit le roi d'un air confidentiel. Il n'est que midi; si le maréchal pénétrait chez vous aussi matin, il s'en vanterait partout ce soir même. Il est fort compromettant et très fat, le vieux duc... Mais ne vous dérangez donc pas, marquise; laissez Aspasie terminer le galant édifice de votre coiffure, et Florine étaler avec son couteau d'argent ce nuage de poudre à la maréchale qui va si bien aux lis mélangés de roses de votre coquet visage... Vous êtes jolie à croquer, marquise...

— Vous trouvez, Sire?

— Je vous le répète chaque jour. Oh! les belles oranges!...

Et le roi s'assit dans un grand fauteuil, auprès de la marquise, dont il baisa l'ongle rosé avec une grâce infinie; puis il prit l'un des fruits qu'il avait admirés et le contempla tout à son aise.

— Mais, dit-il, pourquoi ces oranges à côté d'une boîte de Chine remplie de poudre et de fioles à essences? Ce fruit-là serait-il de quelque emploi dans l'entretien si facile de vos charmes, marquise?

— Ces oranges, reprit gravement la marquise, remplissaient tout à l'heure, Sire, l'office de la destinée.

Le roi ouvrit de grands yeux et caressa les longues soies de son chien pour laisser à la marquise le temps de s'expliquer.

— C'est la comtesse qui me les a données, continua-t-elle.

— Madame Dubarry?

— Précisément, Sire.

— Le cadeau me paraît mince, marquise.

— Je le trouve important, au contraire, puisque, je le répète à Votre Majesté, ces oranges remplacent pour moi le destin.

— Je donne ma langue au chat, dit le roi.

— Figurez-vous, Sire, qu'hier j'ai trouvé la comtesse occupée à manier ainsi ces oranges.

Et la marquise recommença son manége avec une adresse inimaginable.

— J'y suis, dit le roi; elle accompagnait même ce singulier amusement des paroles que voici : « Saute, Choiseul! saute, Praslin! » et, ma foi! je crois que tous les deux ont sauté.

— Précisément, Sire.

— Feriez-vous de la politique, marquise? et auriez-vous quelque fantaisie de vous joindre à la comtesse pour chagriner mes pauvres ministres?

— Nullement, Sire, car, au lieu de M. de Choiseul et du duc de Praslin, je disais, moi, tout à l'heure : « Saute, Menneval! saute, Beaugency! »

— Ah! ah! fit le roi, et pourquoi diable voulez-vous faire sauter ces beaux gentilshommes? M. de Menneval, un Crésus, M. de Beaugency, un homme d'Etat qui danse le menuet à ravir !

— Voici, dit la marquise : vous savez, Sire, que M. de Menneval est un gentilhomme accompli, bel homme, cavalier hardi, danseur infatigable, spirituel comme M. Arouet, et ne souhaitant rien tant que vivre à la campagne, dans ses terres de Touraine, au bord de la Loire, avec la femme qu'il aime ou aimera, loin de la cour, des grandeurs, du bruit?

— Il a pardieu raison, dit le roi; on s'ennuie si fort à la cour !

— Oui et non, fit la marquise en se posant une dernière mouche; vous n'ignorez pas non plus, Sire, que M. de Beaugency est un des plus galants gentilshommes de Marly et de Versailles, ambitieux, zélé pour le service de Votre Majesté, brave autant que M. de Menneval, et capable d'aller au bout du monde... avec le titre d'ambassadeur du roi de France ?

— Je sais cela, fit Louis XV en riant. Mais, hélas! j'ai plus d'ambassadeurs que d'ambassades; mes antichambres regorgent chaque matin.

— Or, poursuivit la marquise, je suis veuve, Sire... depuis deux ans.

— C'est fort long, en effet.

— Ah! soupira-t-elle, à qui le dites-vous, Sire? Et M. de Menneval m'aime... au moins il me le dit : je suis un peu crédule.

— Eh bien, épousez M. de Menneval.

— J'y ai songé, Sire, et de fait, je pourrais faire beaucoup plus mal. J'aimerais assez vivre à la campagne, sous les saules, au bord de l'eau, avec un mari tendre, soumis, amoureux, qui détesterait les philosophes et priserait quelque peu les poëtes. Lorsque aucun bruit du dehors ne trouble la lune de miel, cette lune se prolonge indéfiniment, Sire. A la campagne, on n'entend jamais de bruit.

— Si ce n'est la bise qui pleure dans le corridor et la pluie qui fouette les vitres.

Et le roi frissonna dans son fauteuil.

— Mais, reprit la marquise, M. de Beaugency m'aime également.

— Ah! ah! un ambitieux!

— L'ambition n'exclut pas l'amour, Sire. M. de Beaugency est marquis, il a vingt-cinq ans, il est ambitieux ; j'aimerais fort un mari qui brûlerait d'arriver aux charges importantes de l'Etat. Les grandeurs ont bien leur mérite.

— Alors épousez M. de Beaugency.

— J'y songe également, mais ce pauvre M. de Menneval...

— Très bien, répliqua le roi en riant, je vois à quel rôle sont destinées les oranges. M. de Menneval vous plaît, M. de Beaugency vous sied pareillement, et comme on ne peut avoir qu'un mari, vous les faites sauter à tour de rôle...

— Précisément, Sire. Mais voici ce qui arrive.

— Ah! qu'arrive-t-il?

— Que, ne voulant et ne pouvant pas tricher, je m'applique à rattraper au passage les deux oranges, et que je les attrape toujours toutes deux.

— Eh bien! dit le roi, voulez-vous que je m'en mêle?

— Vous, Sire? Ah! quelle plaisanterie!

— Je suis fort maladroit, marquise. Bien certainement, avant trois minutes, Beaugency ou Meunneval roulera sur le parquet.

— Dame! fit la marquise; et si vous avez une préférence pour l'un ou pour l'autre?

— Faisons mieux; tenez, je prends les deux oranges.

— Bon, dit la marquise.

— Vous les regardez bien toutes deux, ou mieux encore, vous enfoncez dans l'une d'elles une de ces épingles de toilette. Maintenant, à part vous, vous désignez celle qui représente M. de Beaugency. Moi, je n'en sais absolument rien. Si M. de Beaugency touche le parquet, vous épouserez son rival; dans le cas contraire, vous vous résignerez à être ambassadrice.

— A merveille! Voyons, Sire.

Le roi prit les deux oranges et leur fit faire la navette au-dessus de sa tête; mais à la troisième passe toutes deux roulèrent sur le tapis semé de roses du boudoir, et la marquise laissa échapper un frais éclat de rire.

— Décidément, fit le roi, j'avais raison..., je suis un maladroit!

— Et nous voilà plus embarrassés que jamais, Sire.

— En effet, marquise, et le plus simple est de couper ces deux fruits, de les sucrer et de les assaisonner de rhum des îles. Priez-moi à goûter, et offrez-moi de ces confitures de cerises et de pêches que vous confectionnez aussi bien que ma fille Adélaïde.

— Et M. de Menneval? et M. de Beaugency? fit la marquise d'un ton piteux. Comment décider, à présent?

Le roi se prit à rêver.

— Êtes-vous bien certaine, dit-il, que tous deux vous aiment?

— C'est probable, fit-elle avec un sourire coquet que lui renvoya son miroir.

— D'un amour égal, continua le roi.

— Mais je l'espère, Sire.

— Et moi, je n'en crois rien....

— Ah! dit la marquise, ceci est une bien affreuse supposition, en vérité. Tenez, Sire, ils vont venir.

— Tous deux?

— L'un après l'autre. Le marquis à une heure précise, le baron à deux. Je leur ai promis une décison pour demain, à la condition qu'ils viendraient me visiter une dernière fois aujourd'hui.

Au moment où la marquise achevait, le laquais qui avait annoncé le roi vint prévenir sa maîtresse que M. de Beaugency était au salon et briguait la faveur d'être admis à lui faire sa cour.

— Très bien! dit Louis XV, souriant comme à dix-huit ans, introduisez M. de Beaugency. Marquise, vous allez le recevoir, et vous lui direz à quel prix vous mettez votre main.

— Quel est ce prix, Sire?

— Vous lui donnerez à choisir : ou renoncer à vous, ou consentir à m'envoyer sa démission de ses charges, pour aller s'enterrer avec sa femme dans sa terre de Courlac, en Poitou, et y vivre de l'existence du gentilhomme campagnard.

— Et puis, Sire?

— Vous lui donnerez deux heures de réflexion et le congédierez.

— Et enfin ?

— Le reste me regarde.

Et le roi se leva, prit son chien et son fusil, se réfugia derrière un paravent et tira un rideau pour se mieux dissimuler.

— Que faites-vous donc, Sire? demanda la marquise.

— Je me voile, comme les rois de Perse, aux yeux de mes sujets, répondit Louis XV. Chut! marquise.

Et M. de Beaugency entra peu après.

II

Le marquis était un charmant cavalier, grand, svelte, la moustache noire et retroussée, l'œil ardent et spirituel, le nez recourbé, la lèvre autrichienne, la démarche hardie et l'attitude noble et superbe.

La marquise rougit légèrement à sa vue, lui tendit sa main à baiser, et murmura à part elle, tout en lui indiquant un siége :

— Décidément, je crois que l'épreuve est inutile, c'est monsieur de Beaugency que j'aime. Et comme je serai fière de m'appuyer à son bras aux fêtes de la cour ! avec quel bonheur je passerai de longues veilles dans votre cabinet, monsieur l'ambassadeur, tandis que vous expédierez les affaires du roi !

Puis après cet aparté, la marquise redevint souriante et

coquette, en femme qui comprenait la haute mission de galanterie réservée à son époque séduisante et mignarde par la Providence indulgente, et qui gardait ses colères et ses mauvais jours au règne suivant.

— Marquise, dit M. de Beaugency, en retenant dans ses mains la main rose de la belle veuve, il y a bien huit jours que vous ne m'avez reçu, n'est-ce pas?

— Huit jours! vous êtes venu hier.

— C'est qu'alors j'ai pris les heures pour des siècles.

— Et ce compliment dans un livre de monsieur Crébillon fils.

— Vous êtes méchante, marquise.

— Peut-être.... C'est tout naturel, je m'ennuie!

— Ah! marquise, Dieu m'est témoin que je voudrais faire de votre existence une fête interminable!

— Ce serait au moins fatigant.

— Dites un mot, madame, un seul, et ma fortune, mon avenir, mon ambition....

— Vous êtes donc toujours ambitieux?

— Plus que jamais, depuis que je vous aime.

— Est-ce nécessaire?

— Mais, sans doute. L'ambition, n'est-ce pas les honneurs, la fortune, les regards d'envie des rivaux impuissants, les admirations de la foule, la faveur des rois?... Et n'est-ce point prouver son amour d'une façon sans réplique, d'une manière triomphante, que mettre tout cela aux pieds de la femme qu'on adore?

— Peut-être avez-vous raison.

— Si j'ai raison, marquise! Ecoutez-moi, belle amie...

— Je vous écoute, monsieur.

— Entre nous, gens qui sommes nés et n'avons pas de

croquants dans nos alliances, l'amour vulgaire et sentimental que dépeignent ces espèces qui font des livres pour vos ajusteuses et vos camérières, serait de fort mauvais goût. C'est aimer peu et faire un maigre cas de son bonheur que l'aller enterrer en quelque coin perdu de la province ou de Paris, une autre province, entre nous encore, qui sommes à Versailles, pour y vivre avec lui d'une solitude monotone et d'une contemplation invariable.

— Ah! dit la marquise; vous trouvez?

— Parlez-moi plutôt des fêtes étourdissantes de lumière, de bruit, de sourires, d'esprit, au milieu desquelles on passe enivré, sa conquête au bras... Pourquoi cacher son bonheur et ne le point produire? les regrets et l'envie du monde l'accroissent, loin de l'atténuer.

Mon oncle le cardinal est fort bien en cour, il a l'oreille du roi et, qui mieux est, de la comtesse : il m'aura, au premier jour, une ambassade dans une cour du nord. Vous voyez-vous, madame l'ambassadrice, traitant, sur le terrain d'un salon, de puissance à puissance avec la plus haute noblesse d'un royaume, ayant les hommes à vos genoux, les femmes sur un simple tabouret, alors que vous occuperez un trône et tiendrez un sceptre?

Et M. de Beaugency parlait avec chaleur, et il avait doucement glissé de son siége aux genoux de la marquise, dont il couvrait les mains de baisers.

Elle l'écoutait en souriant; puis tout à coup elle lui dit :

— Relevez-vous donc, monsieur, et écoutez-moi à votre tour. M'aimez-vous bien sincèrement?

— De toute mon âme, marquise.

— Seriez-vous prêt à tous les sacrifices ?

— A tous, madame.

— Ceci tombe à merveille, car être prêt à tous, c'est en accomplir un sans la moindre peine, et je n'en exige qu'un seul.

— Oh! parlez. Faut-il conquérir un trône?

— Non pas, monsieur, il faut vous souvenir que vous avez en Poitou un fort beau château.

— Peuh! fit M. de Beaugency, une bicoque!

— Charbonnier est maître chez lui, dit la marquise, et lorsque vous vous en serez souvenu, demandez des chevaux de poste.

— Dans quel but, marquise?

— Afin de m'emmener à Courlac. C'est là que votre aumônier nous unira, dans la chapelle, en présence de vos serviteurs et de vos vassaux, nos uniques témoins.

— La fantaisie est singulière; je m'y soumets, marquise.

— Très bien. Nous partons ce soir. Ah! j'oubliais.

— Quoi encore?

— Avant de partir, vous enverrez vos démissions au roi.

M. de Beaugency fit un bond sur son siége.

— Y songez-vous, marquise?

— Sans doute. Vous ne pouvez remplir à Courlac les charges que vous occupez à la cour.

— Et au retour?

— Nous ne reviendrons pas.

— Nous—ne—reviendrons—pas! articula M. de Beaugency lentement. Et où irons-nous donc alors?

— Nulle part. Nous resterons à Courlac.

— Tout l'été?

— Et puis l'hiver. Je compte m'y fixer après notre union. J'ai la cour en horreur, je n'aime pas le bruit, les grandeurs me fatiguent... et je n'aspire qu'à la vie simple et charmante des champs, à l'existence calme, heureuse, d'une châtelaine oubliée. Que vous importe? Vous étiez ambitieux par amour pour moi ; je fais peu de cas de l'ambition : vous en devez moins faire encore, puisque vous m'aimez.

— Mais, marquise...

— Chut! c'est convenu. Cependant, pour la forme, je vous donne une heure de réflexion. Tenez, passez par là, entrez dans ce salon d'hiver que vous trouverez au bout de la galerie, et envoyez-moi votre réponse sur une feuille de vos tablettes. Je vais terminer ma toilette, que j'ai laissée inachevée pour vous recevoir.

Et la marquise ouvrit une petite porte, poussa M. de Beaugency dans le corridor et la referma sur lui.

— Marquise, cria le roi du fond de sa cachette et à travers le paravent, vous offrirez à monsieur de Menneval l'ambassade de Prusse que je vous ai promise pour lui.

— Vous ne sortez donc pas de votre retraite?

— Non, certes, marquise ; c'est bien plus amusant de rester dans la coulisse : on entend tout, on rit à son aise et l'on n'a rien à dire.

Deux heures sonnèrent; on annonça M. de Menneval. Le roi se tint coi et fit le mort.

[1]

M. de Menneval était, de tous points, un cavalier qui ne le cédait en rien à son rival M. de Beaugency. Il était blond, de ce blond cendré qui est la nuance de chevelure des séraphins ; il avait l'œil bleu, le front large, la lèvre humide et rêveuse, l'attitude légèrement pensive qui seyait aux trouvères de la vieille France.

Nous ne savons pas si M. de Menneval avait commis des vers, mais il aimait les poëtes, les arts, le calme des champs, les couchers de soleil, les aubes vermeilles, les soupirs du vent dans les feuilles, les harmonies mystérieuses et voilées d'une harpe résonnant, le soir, au fond d'un léger canot filant comme une flèche sur le flot bleu de la Loire, toutes choses qui accompagnent si bien ce mélodieux concert du cœur qu'on appelle l'amour.

Il était timide, il aimait avec passion la belle veuve ; son rêve le plus doux était de passer sa vie entière à ses pieds, dans un isolement discret, loin de ces témoins envieux qui savent toujours jeter un sarcasme au bonheur qui sourit, et le contemplent en dissimulant leur envie sous la philosophie du scepticisme.

Il tremblait bien fort en entrant chez la marquise ; il demeura debout devant elle, frissonna et rougit en baisant sa main ; puis, encouragé par un sourire, enhardi par la solennité de ce tête-à-tête suprême, il lui parla de son amour avec cette poétique naïveté, cette chaleur sans emphase d'un cœur réellement épris, cet enthousiasme vrai du prêtre qui croit à son culte.

Et, tandis qu'il parlait, la marquise soupirait et se disait :

— Il a raison ; le bonheur c'est l'amour ; l'amour c'est être deux, ne faire qu'un et n'avoir pas entre soi, comme un tiers importun, l'indifférence ou l'attention moqueuse du monde...

Cependant, elle se souvint à propos de l'avis du roi et elle dit au baron :

— Que feriez-vous bien pour me prouver votre amour?

— Tout ce qu'il est donné à l'homme d'exécuter.

Le baron était moins hardi que M. de Beaugency, qui parlait de conquérir un trône. Il devait être plus sincère.

— Je suis ambitieuse, dit la marquise.

— Ah! fit M. de Menneval avec tristesse.

— Et je veux que l'homme que j'épouserai aspire à tout.

— J'essayerai, si vous le souhaitez.

— Ecoutez, je vous donne une heure pour réfléchir. Je suis la filleule du roi, vous le savez ; je lui ai demandé une ambassade pour vous.

— Ah ! fit M. de Menneval avec indifférence.

— Il me l'a accordée. Si vous m'aimez, vous accepterez, nous nous marierons ce soir, et nous partirons pour Berlin à l'issue de la messe nuptiale, monsieur l'ambassadeur de Prusse. Réfléchissez, je vous donne une heure.

— C'est inutile, répondit M. de Menneval, je n'ai pas besoin de réfléchir puisque je vous aime. Vos désirs sont des ordres, vous obéir est mon unique vœu. J'accepte l'ambassade.

— N'importe ! dit la marquise frissonnant de joie et toute rougissante, passez dans le salon où vous attendiez tout à l'heure ; j'achève de m'ajuster et suis à vous. Je vous appellerai.

La marquise expédia le baron par la droite comme elle avait fait du marquis par la gauche, et elle se dit :

— Je vais être bien embarrassée si M. de Beaugency consent à finir ses jours à Courlac !

Alors le roi écarta le paravent et se montra.

IV

Sa Majesté se dirigea tranquillement vers le guéridon sur lequel elle avait replacé les oranges et en prit une.

— Ah! dit la marquise, je vois, Sire, que vous prévoyez la difficulté qui va surgir et que vous en revenez tout simplement aux oranges.

Pour toute réponse, le roi prit dans la poche de sa veste un petit canif à manche d'ivoire, fit une incision à la peau du fruit, la détacha fort habilement, puis sépara l'orange en deux quartiers et en offrit la moitié à la marquise interdite.

— Mais, que faites-vous donc, Sire? demanda-t-elle vivement.

— Vous le voyez, je mange l'orange.

— Mais...

— Elle nous était parfaitement inutile.

— Vous êtes donc fixé?

— Parfaitement. Monsieur de Menneval vous aime plus que monsieur de Beaugency.

— Ce n'est point encore certain, attendons...

— Tenez, dit le roi montrant du geste le valet qui entrait avec un billet du marquis, vous l'allez voir sur-le-champ.

La marquise ouvrit le billet et lut :

« Madame,

» Je vous aime, Dieu m'en est témoin, et renoncer à vous est le plus cruel des sacrifices. Mais je suis gentilhomme ; un gentilhomme appartient au roi : ma vie, mon sang, sont à lui ; je ne puis, sans forfaire à la fidélité, quitter son service. »

— Et cœtera, dit le roi, comme disait l'abbé Fleury, mon précepteur. Marquise, appelez monsieur de Menneval.

M. de Menneval entra et fut fort troublé de voir le roi dans le boudoir de la veuve.

— Baron, lui dit Sa Majesté, monsieur de Beaugency aimait fort la marquise, mais il m'aimait plus encore, puisqu'il n'a point voulu renoncer, pour lui plaire, à l'ambassade de Prusse. Et vous aimiez, vous, beaucoup plus la marquise que moi-même, puisque vous n'entriez à mon service que pour elle. Ceci me porte à croire que vous seriez un serviteur tiède et que monsieur de Beaugency fera un excellent ambassadeur. Il partira pour Berlin ce soir, et vous épouserez la marquise. J'assisterai à la messe. Marquise, souffla Louis XV à l'oreille de sa filleule, l'amour vrai est celui qui ne recule pas devant un sacrifice.

Et le roi dépouilla la seconde orange et la mangea, tout en plaçant la main de la veuve dans celle du baron.

Puis il ajouta :

— Je viens de faire trois heureux : la marquise, dont j'ai fixé l'indécision ; le baron, qui l'épousera, et monsieur de Beaugency, qui sera peut-être un piètre ambassadeur. Et je n'ai oublié que moi, dans tout cela, j'ai mangé les oranges sans sucre.

On a prétendu cependant que j'étais un monarque égoïste !

Fin.

LA

DRAGONNE DU CHEVALIER

I

Le comte et son jeune frère le chevalier roulaient tous les deux en chaise de poste au galop de quatre chevaux nivernais, et ils rêvaient l'un et l'autre, et d'une façon fort mélancolique, à chacune des portières.

Ils avaient quitté Versailles la veille au soir, après avoir fait leur révérence à S. M. Louis XV, qui avait daigné leur sourire. La nuit entière s'était écoulée sans qu'ils se fussent arrêtés autrement que pour relayer à chaque poste, et il était alors trois heures de l'après-midi. Le comte n'avait cessé de rêver et le chevalier de méditer. Ce mutisme pénible avait gagné Tom lui-même.

Tom était un ravissant épagneul couleur brique et de race anglaise, qu'une duchesse de vingt ans avait donné au chevalier un soir de mystérieux rendez-vous.

Couché sur le coussin de velours de la chaise, l'intelligent animal regardait tour à tour, et depuis vingt heures, le comte et le chevalier, — le comte avec cette colère muette qu'exprime si bien l'œil mélancolique du chien, — le chevalier avec cette tristesse mêlée d'adoration, qui dit si éloquemment son inaltérable fidélité.

Le comte était un homme de trente-six à trente-huit ans, fort beau malgré cet âge voisin de la maturité, surtout lorsqu'il se montrait dans les demi-jours ; car, vus au grand soleil, son visage fatigué, ses yeux cerclés d'un léger bistre, ses lèvres plissées dans les coins, sa chevelure noire qu'argentait çà et là un filet blanc, attestaient que M. de Marcigny, — ainsi se nommait le comte, — avait assisté régulièrement, de vingt ans à trente-huit, à tous les petits soupers de Marly, de Versailles et de Choisy-le-Roi.

Le chevalier avait dix-neuf ans ; il ressemblait fort à son frère, — mais comme un bouton à peine éclos ressemble à une rose épanouie depuis longtemps et déjà brûlée du soleil.

Il était grand, svelte, brun de cheveux, blanc et rose de teint ; son œil était bleu, sa lèvre cerise, ses mains fines et menues comme des mains de duchesse, son pied délicieusement petit et fait tout exprès pour chausser la mule à talon rouge et le bas de soie blanc à filets orange.

Le comte était un galant gentilhomme dont toutes les preuves étaient faites et parachevées ; le chevalier, un adolescent qui avait commencé les siennes par d'adorables succès.

Son départ avait arrosé les plus jolis mouchoirs de point d'Angleterre des plus chaudes larmes de mainte petite marquise, et le comte, dont l'astre commençait à s'éclipser à l'ombre de ses trente-huit ans, avait été sévèrement et fort justement traité, en plus d'un boudoir intéressé et lésé par ce départ, de frère barbare et inhumain, — ainsi qu'on en voyait dans les romans de l'époque.

Car c'était en partie, disait-on, la volonté du comte, cette volonté souveraine et rigide du chef de famille, qui enlevait ainsi le beau chevalier à ses jeunes triomphes et le rejetait, de la pénombre mystérieuse et du sofa moelleux d'une ruelle discrète sur les coussins poudreux d'une chaise qui roulait nuit et jour, précisément à ces heures où l'on pleurait si éloquemment dans tous les coins du château de Marly, où la cour se trouvait alors.

Or, il était incontestable, à voir la mine allongée et l'œil terne du comte, que sa brusque rupture avec ce monde élégand, mignard et rosé, qu'on appelait la cour de Louis XV, n'était pas entièrement de son goût ; — pas plus qu'elle n'était du goût du chevalier, — lequel attachait son grand œil bleu, triste et voilé de larmes, sur le paysage qu'ils parcouraient au galop et qui offrait ces monotones points de vue du milieu de la France, où la prairie verte succède invariablement au coteau boisé, que longe une petite rivière flanquée d'un rustique moulin.

La destinée du comte était donc bien cruelle, qu'elle entraînait celle du chevalier !

Et quel malheur était-il advenu aux deux frères, qu'ils s'étaient vus forcés de quitter Marly précisément à la veille d'un bal travesti auquel madame d'Etiolles, récemment devenue marquise de Pompadour, assisterait vêtue en Diane chasseresse, ce déguisement qu'elle portait un an plus tôt au bal donné à l'Hôtel de ville par MM. les échevins de Paris, et qui séduisit si fort Sa Majesté Louis le Bien-Aimé.

Le comte et le chevalier étaient les derniers de leur race ; ils n'avaient plus qu'un seul parent, un oncle qui était cardinal, vivant dans la retraite, habitant son hôtel de la place Royale, à Paris, et ne se préoccupant plus que de deux choses : son salut et l'avenir de sa race.

A une époque où nos pères commençaient à faire assez bon marché de leur blason, le cardinal avait la faiblesse de tenir beaucoup au sien ; son oratoire était rempli d'arbres généalogiques, et l'excellent prélat soutenait avec orgueil que le premier évêque de Bethléem qui eut une investiture après la première croisade avait été un baron de Marcigny.

Son Eminence s'était donc éveillée un matin de fort bonne heure, et sous le poids d'une de ces idées fixes qui sont si tenaces au cerveau des vieillards, il avait envoyé son carrosse à Marly et mandait ses deux neveux, qu'il priait à dîner pour le jour même.

Le comte et le chevalier étaient arrivés à l'heure dite, sans user même du quart d'heure de grâce, et le digne prélat leur avait, après boire et avant le café, tenu le discours suivant :

— Mes chers enfants, j'ai soixante-dix-neuf ans, je ne veux pas mourir sans avoir assuré l'avenir de notre nom. Voici ce que j'ai décidé. Vous, comte, vous avez trente-huit ans, l'âge où les folies passent de mode et où le bon sens doit nécessairement venir à un gentilhomme.

— Le bon sens, murmura le comte, qu'est-ce que cela ?

— Votre patrimoine est fort écorné, continua le cardinal ; la preuve en est que j'ai payé pour vous cent mille écus l'année dernière.

— C'est vrai, fit humblement le comte.

— Et pour que nous rendions à notre maison sa splendeur première, il vous faudra compter sur mon hoirie qui vient d'église, mais n'en est pas moins fort belle. Je vous lègue donc mon héritage tout entier, car vous êtes l'aîné et le chef actuel de notre race ; à la condition toutefois que vous partirez demain pour le Nivernais, où je vous ai trouvé une femme.

Le comte fit un soubresaut sur son siége ; il n'avait jamais songé au mariage, il regardait même cet acte solennel de la vie comme une chose monstrueuse, qui ridiculisait fort un galant homme.

— Votre future, poursuivit le cardinal avec calme, est comtesse de son chef ; elle a vingt-quatre ans, elle est fort belle, et, ce qui n'a jamais gâté joli visage, elle est encadrée de six cent mille livres en bonnes terres féodales dégrevées de tout impôt.

Ces détails, que le prélat donnait fort négligemment à son neveu, déridèrent un peu celui-ci et lui permirent d'envisager l'avenir que lui faisait son oncle sous de moins sombres couleurs. Après tout, il serait riche, et c'était beaucoup que pouvoir apaiser une légion de fournisseurs et de croquants que Frontin, le valet de chambre du comte, pourchassait soir et matin, et qui rentraient souvent par les fenêtres après qu'on les avait mis à la porte.

Frontin était un valet intelligent, qui avait fait son éducation à la Comédie-Française.

Le chevalier écoutait avec une insouciance merveilleuse l'énumération des projets du cardinal, et loin de se dire : « Que me restera-t-il à moi ? » il songeait à un petit billet parfumé d'ambre et d'une orthographe de duchesse, qui lui assignait une promenade au clair de lune sous les ombrages du parc de Marly, entre onze heures et minuit.

Une seule crainte le préoccupait : il avait peur que le verbiage du digne prélat ne le retînt outre mesure à Paris et ne le fît arriver tard au rendez-vous, ce qui, aux yeux d'un gentilhomme, est un tort bien autrement impardonnable que de se faire attendre pour un duel.

— Vous, chevalier, reprit le cardinal après un moment de silence, vous avez dix-neuf ans, vous êtes brave, vous l'avez prouvé d'une fort déplorable façon, que je ne veux point rappeler ici ; vous êtes galamment tourné, et vous ferez un chevalier de Malte accompli.

Le chevalier recula et pâlit.

— Les Marcigny vont à Malte, dit froidement le prélat, et par le temps de mésalliance où nous vivons, ce n'est pas un mince honneur. Vous partirez demain avec le comte, vous le quitterez à Saint-Pierre, le château de sa future épouse, et vous continuerez votre route pour Marseille, où vous monterez à bord du premier navire qui fera voile vers Malte.

— Mais... balbutia le chevalier frissonnant.

— Si vous obéissez, acheva le cardinal, je continuerai à vous servir une pension de trois mille écus. Dans le cas contraire, vous chercherez fortune ailleurs que dans ma caisse.

Cette conclusion du prélat avait bien son mérite; le chevalier se résigna comme s'était résigné le comte.

Et voilà pourquoi les deux frères roulaient, de fort méchante humeur, vers le manoir de Saint-Pierre, où mademoiselle de Chavigny, comtesse de son chef, les attendait à souper, le dimanche soir, avisée qu'elle avait été par le vieux cardinal.

Le mutisme chagrin auquel les deux frères s'étaient condamnés commençait néanmoins à peser singulièrement au comte, lequel se retourna brusquement vers son cadet, et lui dit :

— Ah çà, chevalier, mon bel ami, à quoi diable songez-vous donc ?

— Et vous ? demanda l'adolescent.

— Moi, je songe, grommela le comte, que c'est vraiment déplorable qu'un gentilhomme qui a fait ses premières armes sous le régent, vécu avec le maréchal de Richelieu et plu quelque peu à Versailles, en soit réduit à s'en aller épouser une petite fille de province qui, bien certainement, ne s'est jamais posé une mouche et ignore l'usage des paniers et de la poudre à la maréchale.

— Et moi, dit le chevalier, je me souviens du dernier bal de l'Opéra, dans la nuit du mardi gras au mercredi des cendres.

— Vous y advint-il une aventure ?

— Charmante, comte.

— Eh bien ! narrez-la-moi, je m'ennuie si fort.

— Soit, fit le chevalier avec tristesse, car je m'ennuie pareillement. Figurez-vous qu'il était trois heures. J'avais reçu, la veille, trois billets anonymes plus ambrés les uns que les autres. On m'assignait trois rendez-vous. J'allai à tous trois, je ne vis personne. C'était désolant.

J'avais fini par m'asseoir en un coin du foyer, mon masque à la main, ainsi qu'il convient à un homme qui se meurt du désir d'être intrigué et n'y peut parvenir.

Vers trois heures donc, une petite main bien gantée s'appuya sur mon épaule :

— A quoi rêvez-vous ? me demanda-t-on.

— A vous, répondis-je.

— C'est impossible.
— Pourquoi ?
— Parce que vous ne m'avez vue nulle part.
— Bah !
— Ni à Marly, ni à Choisy, ni à Versailles, ni au diable !
— Alors, pourquoi m'avez-vous écrit ?
— Je ne vous ai point écrit, le hasard seul me fait vous rencontrer. Je passais, je vous vis triste, je vous ai demandé la cause de votre tristesse. Offrez-moi la main et faites-moi vos confidences.
— Oh ! oh ! fit le comte.
— Ma foi, mon cher, poursuivit le chevalier, nous nous promenâmes deux heures ; elle était jolie comme un ange et spirituelle comme un démon, elle était blonde et rose, son bras était irréprochable, son front blanc, son menton creusé d'une petite fossette, sa taille d'une souplesse charmante... elle était ravissante sous le masque.

Avant la fin du bal j'étais amoureux fou ; je la suppliai de se démasquer, elle refusa ; je lui demandai son nom, elle se tut, puis elle me dit :
— Avez-vous jamais songé à vous marier ?
— Certes non, répondis-je.
— Alors il est inutile de nous revoir. Je veux un mari.
— Eh ! m'écriai-je, mais, au contraire, revoyons-nous, s'il vous plaît. Je réfléchirai... Et tenez, je crois que tout bien considéré...
— Non, non, me dit-elle avec le plus frais des éclats de rire, je vous donne un an.
— Dans un an, je serai mort d'amour.
— On n'en meurt pas, on vit d'espérance, au contraire. Trouvez-vous ici dans un an, à la même heure, je vous

redemanderai cette dragonne que je vais nouer à votre épée.

Et elle détacha un ruban rose tendre rayé de bleu, qu'elle noua à la garde de mon épée.

— Ah! fit le comte, je vous l'ai vu.

— Je ne le porte qu'avec mon épée de gala.

— Et... l'avez-vous revue?

— Non, car nous ne sommes qu'en décembre, et le mardi gras est loin encore. Or, notre oncle le cardinal se soucie peu d'un rendez-vous de telle nature, puisqu'il m'expédie à Malte.

— L'aimez-vous toujours?

— Peuh! il y a si longtemps... et puis elle veut se marier... Un futur chevalier de Malte n'y peut songer.

— Vous connaissait-elle?

— Pas le moins du monde, car elle me demanda mon nom. Ma figure lui seyait, voilà tout.

— C'était une fille d'Opéra? fit le comte.

— Non, certes, mon frère, elle était *née*, je vous le jure.

Et le chevalier retomba dans sa rêverie, qui fut interrompue par le relais de poste, le dernier qui restât à parcourir à nos voyageurs pour arriver chez la jeune comtesse de Chavigny.

En ce moment, Jasmin, le valet de chambre du chevalier, qui, pendu aux étrivières, accompagnait seul les sires de Marcigny, montra par la portière une mine effrayée, et dit au comte :

— Monsieur le comte, il vient de nous arriver un affreux malheur.

— Hein? fit le comte.

— Les valises de Votre Seigneurie sont restées à Nevers cette nuit.

Le comte pâlit.

— Sangdieu, dit-il, comment pareille bévue nous advient-elle ?

— Je ne sais, dit le valet ; je viens de m'en apercevoir, et j'en suis plus désolé que monsieur le comte, car il sera forcé de paraître aux yeux de sa fiancée dans un habit de voyage fripé, et malheureusement monsieur le comte n'est pas de la taille de monsieur le chevalier, dont les valises sont heureusement demeurées sur la voiture. Mais enfin, madame la comtesse sera indulgente... il faut l'espérer.

— Non, non, dit vivement le comte, ceci est impossible. Faites ôter les chevaux et envoyez un courrier à Nevers. Nous coucherons ici.

— Je ferai observer à monsieur le comte, dit respectueusement Jasmin, que madame la comtesse l'attend à souper.

— C'est juste : mais comment faire ?

— Il y a un moyen bien simple de tout arranger.

— Ah ! voyons le moyen !

— Monsieur le comte demeurera ici sous un prétexte quelconque, et M. le chevalier le précédera de vingt-quatre heures pour l'excuser.

Le comte trouva excellente l'idée de Jasmin, se résigna à rester, et laissa le chevalier repartir à triples guides.

A un quart de lieue plus loin, Jasmin quitta sa place derrière la berline de voyage, mit de nouveau la tête à la portière et dit à son maître :

— Monsieur le chevalier voudrait-il me faire l'honneur d'un entretien de dix minutes ?

Et sans attendre sa réponse, Jasmin, en valet de comédie effronté et qui sait son monde, se glissa à côté de son maître, à la place même que le comte occupait tout à l'heure.

II

— Ah çà, maraud ! dit le chevalier, que signifie tout cela ? et je vous trouve bien osé...

— Monsieur le chevalier me pardonnera, j'en suis sûr, lorsqu'il m'aura écouté.

— Voyons... je t'écoute.

— J'ai cru m'apercevoir, dit gravement Jasmin, que monsieur le chevalier était fort chagrin de s'en aller à Malte.

— C'est vrai, murmura l'adolescent.

— Et je me suis creusé la tête pour trouver un moyen d'empêcher le départ de monsieur le chevalier.

— Et tu ne l'as point trouvé ? c'est tout simple.

— J'en demande humblement pardon à monsieur le chevalier.

— Tu railles, maraud !

— Nullement, et si monsieur le chevalier veut suivre mes conseils, il sera riche, heureux et ne quittera point la cour.

— Êtes-vous fou, mons Jasmin?

— Nullement; je suis dévoué à monsieur le chevalier.

— Et quel est ce moyen merveilleux?

— Ceci est mon secret.

— Faquin! exclama l'adolescent en cherchant sa canne auprès de lui.

— Il faut même, pour atteindre notre but, que monsieur le chevalier se soumette à une condition qui lui paraîtra sans doute fort humble, eu égard à mes humbles fonctions auprès de lui.

— Plaît-il, mons Jasmin?

— Mais ces choses-là se voient cependant, témoin plusieurs comédies de M. Poquelin de Molière, dans lesquelles les valets font le dénoûment au profit de leur maître.

— Et quelle est cette condition?

— Monsieur le chevalier me donnera sa parole de gentilhomme qu'il m'obéira aveuglément pendant vingt-quatre heures.

— Oh! oh!

— Et qu'il ne me contredira absolument en rien, confirmant toutes mes paroles, et n'en manifestant aucun étonnement.

— Mais... voulut objecter le chevalier.

— Il n'y a pas de *mais*, répondit Jasmin avec effronterie, monsieur le chevalier n'a qu'à choisir : Malte ou la cour de France.

— Drôle, dit le jeune homme, prends garde à ceci : je

veux bien te faire le serment que tu me demandes, mais tu périras sous le bâton si tu échoues.

— Et si je tiens mes promesses ?

— Je serai généreux, répondit le chevalier, je te payerai l'arriéré de tes gages.

Et le chevalier jura.

Jasmin salua jusqu'à terre et retourna aux étrivières.

Une heure après, la berline entrait dans la cour d'honneur du manoir habité par mademoiselle de Chavigny.

— J'ai l'honneur de prier monsieur le chevalier, dit alors Jasmin en offrant son bras à son maître pour descendre de voiture, d'oublier son titre modeste et de se souvenir qu'il porte celui de comte.

— Mais...

— J'ai la parole de monsieur le comte, répliqua froidement Jasmin.

Le chevalier fut introduit au manoir et conduit à son appartement, où Jasmin le poudra et le vêtit lestement de son plus splendide habit de gala, n'oubliant point de lui passer en verrou l'épée qui portait à sa garde la dragonne mystérieuse.

Cela fait, il dit à son maître :

— Je prie monsieur le comte de ne point ouvrir la bouche de monsieur le comte son frère.

— Mais c'est impossible !

— J'ai la parole de monsieur... je lui ferai respectueusement observer que j'ordonne et qu'il me doit obéir.

— Soit, murmura le chevalier.

— Maintenant si monsieur le comte veut bien me suivre, j'aurai l'honneur de le conduire auprès de mademoiselle de Chavigny, qui achève, en l'attendant au boudoir, de poser ses mouches et de mettre ses bagues. Monsieur le comte aura soin de confirmer mes paroles et de me laisser parler tout à mon aise.

Jasmin précéda son maître, ouvrit une porte à deux battants et annonça : M. le comte de Chavigny...

A ce nom, une ravissante créature, assise devant une table à toilette, se retourna négligemment et rendit d'un signe de tête le profond salut que, du seuil du boudoir, lui adressait le chevalier.

Celui-ci demeura ébloui de la beauté de la jeune comtesse, et il se prit à souhaiter que son frère mourût d'une attaque d'apoplexie le soir même.

— Monsieur le comte, dit la jeune femme en lui indiquant un siége, il est nuit close, je ne vous attendais presque plus...

— Madame...

— Ah! dit Jasmin, j'aurai l'honneur de faire observer à madame que c'est hier seulement que nous avons quitté Paris... et nous n'avons pas perdu un moment.

— Tant pis! murmura la comtesse. Vous êtes cependant parti trop tard.

— Plaît-il? demanda Jasmin.

— C'est singulier! se disait le chevalier, j'ai entendu cette voix-là quelque part.

— Ah! la ravissante dragonne! s'écria la comtesse en étendant ses doigts rosés vers le nœud de rubans.

Le chevalier, qui déjà était fort déconcerté, perdit tout à fait contenance.

— Cela vient du bal de l'Opéra, continua la comtesse ; j'ai appris ce matin, monsieur le comte, que vous aviez fait un serment à une belle inconnue, et comme en me venant épouser...

— Mais, madame, je ne viens pas...

— Chut! dit Jasmin, si monsieur le comte veut bien me le permettre, je le disculperai moi-même.

— Vous obéissiez à votre oncle le cardinal, comme moi à mon oncle l'évêque de Nevers; nous allons désobéir tous les deux à nos oncles, vous pour demeurer fidèle à votre inconnue, moi pour ne point épouser un mari qui ne m'aimerait pas.

— Je ferai respectueusement remarquer à madame la comtesse, répliqua Jasmin, qui, d'un signe, imposa silence au chevalier stupéfait, que je me suis permis de la trahir en confiant à mon maître, — lequel refusait d'obéir à son oncle, — que mademoiselle de Chavigny et la belle inconnue du bal de l'Opéra ne faisaient qu'une seule et même femme.

La comtesse et le chevalier jetèrent un cri de surprise Jasmin se hâta d'ajouter :

— Monsieur le comte va l'affirmer à madame.

— C'est vrai, dit le chevalier.

— Alors, fit la comtesse, à moi à vous expliquer, comte, comment je vous ai rencontré au bal de l'Opéra :

Mon oncle, l'évêque de Nevers, m'avait emmenée à Paris pour huit jours. Un soir que le digne prélat dînait chez son vieil ami le maréchal de Richelieu, j'en profitai pour m'échapper avec une femme de chambre, et je tombai en plein bal de l'Opéra. Votre tristesse me plut, vous aviez de l'esprit, vous causiez à ravir. J'y pris goût. En vous quittant, et lorsque je sus votre nom, je résolus de m'assurer par expérience de ce que pouvait valoir la parole d'un gentilhomme aussi léger que vous. J'avisai Jasmin, qui vous suivait pas à pas, je lui glissai dix pistoles dans la main et lui en promis antant chaque mois s'il voulait me tenir au courant de vos fredaines...

— Ah ! ah ! fit le chevalier.

— Je crois que Jasmin m'a indignement trompée, car il vous a toujours, dans ses notes, dépeint comme un petit saint. Or, il y a deux jours, mon oncle l'évêque de Nevers est arrivé ici et m'a montré cette lettre qui était du cardinal.

Et la comtesse tendit la missive au chevalier, qui lut :

» Mon vieil ami,

» Vous avez une nièce jeune, jolie, titrée et riche. J'ai un neveu jeune, beau, qui sera mon héritier, et que je veux marier... »

Le chevalier se tourna vers Jasmin :

— Mais c'est de mon frère qu'il s'agit, dit-il tout bas.

— Monsieur le comte a la mémoire infidèle. C'est de lui qu'il est question.

— Mais enfin...

— J'ai la parole de monsieur.

— Vous voyez, lui dit la comtesse, que l'opinion que j'avais de vous, grâce aux notes de Jasmin, a dû nécessairement se modifier.

— Madame la comtesse se trompe, observa Jasmin, je la trahissais... Monsieur le comte l'aimait, il est accouru.

— Est-ce vrai? demanda la comtesse avec un adorable regard dont un grain de raillerie tempérait la tendresse.

— Oui et non, répondit le chevalier.

— Plaît-il, monsieur? Que signifie ce non?

Le chevalier s'agenouilla aux pieds de la belle héritière.

— Je vous aime, dit-il, je vous le jure ; mais ne me questionnez pas sur le dernier mot que j'ai prononcé ; je suis lié par un serment.

— Un serment! Et à qui donc, monsieur, avez-vous fait ce serment?

— A ce drôle! dit le chevalier montrant Jasmin.

La comtesse en demeura tout ébahie.

— Oui, madame, poursuivit le chevalier, pendant vingt-quatre heures j'appartiendrai à cet homme, ou du moins il ne me sera point permis de m'expliquer sur certains points qui vous paraîtront peut-être obscurs.

— En effet, murmura la comtesse avec dépit, je trouve que votre plaisanterie ressemble fort...

— Ah! madame...

Et le chevalier couvrit de baisers les mains de la comtesse.

— Et demain, fit-elle un peu radoucie, parlerez-vous?

— Hélas! oui, madame. Mais, auparavant, soupira le chevalier, je casserai bras et jambes, avec ma canne, à ce drôle, qui se sert de ma loyauté pour que je vole mon prochain.....

— Ma foi! dit la comtesse, je n'y comprends absolument plus rien.

— Et moi, grommela Jasmin, je ne croyais pas avoir un maître aussi scrupuleux..... Ah! quel siècle! Où donc est monsieur Poquelin de Molière? comme il rirait!

— Comte, dit la jeune femme, j'ai la religion du serment. Je respecte le vôtre, mais il me faut une confession demain soir; sinon je mande contre-ordre à mon oncle l'évêque de Nevers, qui nous devait venir marier demain, et qui le fera après-demain, car je veux réfléchir maintenant, puisque vous me cachez un mystère.

— Bon ! pensa Jasmin, j'ai fait une école. Monsieur le comte, le vrai, sera ici demain soir, et tout sera perdu. Ce n'est point à Nevers, c'est à Paris que j'aurais dû laisser ses valises.

III

Le chevalier se trouvait, grâce à Jasmin et au quiproquo établi à dessein par ce dernier, dans la plus singulière des situations.

Il aimait la comtesse, c'était positif, mais la comtesse était destinée à son frère. Or, pouvait-il voler à celui-ci sa fiancée ? Et, cependant, si le comte l'épousait, ne se repentirait-il point, lui, chevalier, de son excès de délicatesse ?...

Il fit toutes ces réflexions ; puis, comme, avant tout, l'adolescent était homme d'esprit, il se dit que le hasard pourvoirait à son embarras, et que le plus sage parti était de profiter des vingt-quatre heures de tête à-tête avec la belle comtesse, que cet imbroglio lui procurait.

Ces vingt-quatre heures furent charmantes ; les deux amants échangèrent les serments les plus doux, et cela si bien, qu'ils oublièrent, la comtesse qu'elle avait l'explication d'une énigme à demander, le chevalier que cette explication renverserait le château de cartes de son bonheur.

Ils avaient passé la journée dans un coquet boudoir ouvrant sur le jardin : la journée, tiède comme un soir de mai, était à son déclin, les oiselets chantaient dans les massifs, le couchant était nuancé des tons les plus moelleux et les plus éclatants ; assis près d'elle, le chevalier imitait les oiselets et chantait un long hymne d'amour en tenant toujours ses deux petites mains dans les siennes.

Tout à coup, la porte s'ouvrit, et un laquais annonça :
— Monsieur le comte de Marcigny.

Le chevalier se leva pâle et douloureusement stupéfait, la comtesse recula d'un pas et jeta un cri.

Il y avait donc deux comtes de Marcigny.

En même temps, Jasmin parut sur le seuil.

— Monsieur le chevalier est délié de sa parole, dit-il, et j'attends ses ordres pour préparer sa chaise de poste. Il paraît que M. le chevalier a préféré aller à Malte.

Le chevalier, tout ému, raconta alors la vérité tout entière.

La comtesse l'écouta haletante ; puis, lorsqu'il eut fini, elle se tourna vers le comte :

— Monsieur, lui dit-elle, Son Eminence le cardinal votre oncle est la première cause du triste quiproquo dont nous sommes tous victimes. En écrivant à l'évêque de Nevers, il ne lui disait pas qu'il avait deux neveux. Or, c'était votre frère et non vous que j'aimais, et j'aurais décliné l'honneur...

— D'accepter ma main, interrompit le comte ; je le comprends, madame ; il est impossible à un vieux roué comme moi de lutter avantageusement avec un frère jeune et beau comme le mien. Aussi bien, viens-je de réfléchir qu'il donnera plus sûrement que moi de nobles rejetons à ma race...

— Monsieur...

— Et je pars pour Malte, acheva le comte ; cependant, il faut bien que j'aie un petit dédommagement, puisque je suis ainsi battu...

Le comte regarda Jasmin.

— Je devine, dit celui-ci avec empressement, monsieur le comte me veut prendre à son service.

— Non pas, je veux t'administrer une volée de bois vert.

— Et moi, je payerai ses gages, ajouta la comtesse.

— Voilà des gens qui ont lu Molière, grommela Jasmin ; ils bâtonnent et payent !

LE

TRÉSOR MYSTÉRIEUX

I

Cinq heures sonnaient à la pendule du salon, au château de la Buissière, en Dauphiné, sur les bords du Drac, à vingt lieues de Grenoble.

C'était au printemps, la neige couvrait la cime des A'pes, la vallée était verte, ombreuse et fleurie, la brise tiède et le ciel bleu. Les derniers rayons du soleil, prêt à disparaître, jetaient un reflet de pourpre aux tentures fanées du salon, et se jouaient dans les mèches blanches et rares de la chevelure du marquis, étendu sur sa chaise longue où la goutte le clouait.

Le marquis était un vieillard de soixante-douze ans, au regard intelligent et clair, parfois malicieux. Un sourire mélangé de bonhomie et d'un grain de scepticisme arquait ordinairement sa lèvre autrichienne ; il exprimait rarement sa pensée tout entière, et était exempt de ces accès d'humeur noire qui assiégent la vieillesse.

Le marquis, ancien colonel de hussards, habitait, depuis 1830, son château de la Buissière, et vivait d'un revenu modeste, qui ne lui permettait pas toujours de reboucher les lézardes de ses tourelles féodales.

Il s'était marié tard, il était déjà veuf. Son unique héritier était un fils de vingt-cinq ans, qu'on appelait Maxime, et qui, déjà, avait pris sa volée du toit paternel.

Le marquis habitait son château toute l'année, et ne recevait pas d'autres visites que celles de son vieil ami M. Bertaud, le notaire, presque son contemporain, son voisin de campagne et veuf comme lui.

M. Bertaud avait une fille de seize à dix-sept ans, blonde ainsi qu'une enfant de la pâle Germanie, l'œil noir et brillant comme une Provençale.

Berthe était si jolie, que le bon notaire se prenait à regretter parfois le temps où l'on avait vu des rois épouser des bergères.

Or, ce jour-là, précisément, vers cinq heures, M. le marquis de la Buissière était seul dans son salon, sur sa chaise longue, et il achevait de plier, en forme de lettre, une large feuille de papier qu'il venait de couvrir d'une grosse écriture irrégulière, mais fort lisible, — lorsqu'on annonça :

— Monsieur Bertaud !

M. Bertaud, nous l'avons dit, était presque le comtemporain du marquis. Il avait soixante-huit ans. C'était un petit homme un peu gros, vert, alerte, pétulant, qui montait lestement sur Roussine, sa jument, et trouvait un joli mot à l'occasion. M. Bertaud était notaire comme son père et ses aïeux l'avaient été avant lui. Il avait mille écus de revenu, une maisonnette blanche entourée d'arbres, à deux portées de fusil du château, deux chiens de chasse de bonne lignée, un clos de vigne qui donnait du vin passable, et une vieille gouvernante qui chérissait Berthe, et la choyait ni plus ni moins que la prunelle de ses yeux.

— Mon ami, lui dit le marquis en lui tendant la main, vous venez de bonne heure, tant mieux; nous pourrons causer avant le dîner, car vous dînez avec moi, n'est-ce pas?

— Vous êtes mille fois trop bon, monsieur le marquis, répondit le notaire avec une familiarité respectueuse.

— Mon cher Bertaud, continua le vieux gentilhomme, ne trouvez-vous pas que l'amour du sol natal grandit en nous à mesure que nous approchons de ce terme fatal où il nous faudra quitter ce monde?

— Je suis de votre avis, monsieur le marquis. Jamais, autrefois, je ne m'étais arrêté à contempler avec autant d'admiration nos montagnes vertes et nos belles vallées. Le clocher de la Buissière me paraît le plus gracieux des clochers, et votre château, monsieur le marquis, le plus majestueux des manoirs.

— On le voit, dit le marquis en riant, vous avez lu *Candide*, mon cher Bertaud, et vous êtes de l'école du docteur Pangloss. Mais il ne s'agit point du roman de M. de Voltaire; je veux vous entretenir de choses sérieuses. Bertaud, mon ami, vous êtes mon notaire, comme votre père était celui du mien. Il y a trois siècles, au moins, que nos deux races sont liées par de bonnes relations d'amitié et de voisinage...

— Monsieur le marquis... fit respectueusement le notaire.

— Bah ! mon cher, continua le gentilhomme, nous sommes en 1849, c'est-à-dire que trois fois le niveau populaire a passé sur les préjugés de caste. Traitons-nous donc en vieux amis, et souvenez-vous un peu moins du passé pour songer plus à l'avenir. Vous avez une fille, Bertaud?

Le notaire tressaillit.

— Une charmante fille, mon ami, belle et pure comme un ange, la joie de votre vieillesse, la providence des pauvres, l'orgueil de notre village.

— Ah ! fit le notaire ému.

— Cordieu ! reprit le marquis, avec une brusquerie martiale, savez-vous, Bertaud, mon ami, que j'ai un projet en tête.

Le notaire regarda son voisin.

— J'en veux faire la marquise de la Buissière, acheva le bon gentilhomme.

L'excellent M. Bertaud fit un soubresaut sur son siége ; il crut rêver, et jamais un pareil rêve n'avait germé dans la tête d'aucun de ses aïeux.

Le marquis poursuivit avec lenteur et d'une voix émue :

— Il est une grande ville que longtemps j'ai habitée, et que vous ne connaissez heureusement que de nom. Cette ville ressemble au minotaure antique, elle nous prend nos enfants, quand sonne leur vingtième année. Voici près de trois ans que mon fils Maxime est parti... il n'est pas revenu. Les plaisirs bruyants et les joies nocturnes de Paris séduisent la jeunesse bien mieux que le silence mystérieux de nos vallées, notre ciel bleu et nos soirs emplis de rêveries vagues et de tièdes parfums. Les vieillards aiment le calme et la solitude, aux jeunes gens il faut le bruit et le tourbillon du monde. Eh bien! mon ami, j'ai songé cependant à arracher Maxime à l'existence parisienne, à le ramener ici, et à lui faire auprès de nous, de vous, du moins, car moi je sens la mort approcher, une vie calme, heureuse, sans passions ni tempêtes.

Lorsqu'il partit, Berthe était une enfant; à son retour, il la trouvera une belle et suave jeune fille, comme il n'en rêva et n'en rencontra jamais à Paris, cette patrie de l'amour factice et vénal, et du sentiment coté à la Bourse ou métamorphosé en inscriptions de rentes. Si Maxime passait six mois à la Buissière et qu'il vît Berthe tous les jours, il l'aimerait éperdument, il vous demanderait sa main à genoux et ne songerait plus à nous quitter. Mais Maxime ne viendra pas! soupira le vieillard. Il n'y a qu'une catastrophe qui puisse arracher violemment sa proie au minotaure, et cette catastrophe, vous la devinez, mon ami...

Le notaire, ému, prit les deux mains du marquis et les pressa vivement.

— Mon ami, continua le gentilhomme, j'ai soixante-douze ans, quinze blessures, j'ai éprouvé une attaque d'apoplexie, je sens la mort approcher, et j'ai le pressentiment que je n'atteindrai pas la chute des feuilles. Dans un mois, j'écrirai à Maxime; il tergiversera un mois encore, et il arrivera tout juste pour recueillir mon dernier souffle. Voici mon testament. Ce testament renferme un secret; je compte sur sa puissance pour retenir Maxime ici après ma mort, et lui donner le temps de voir et d'aimer Berthe.

Au moment où le marquis tendait son testament au notaire, Berthe entra et vint présenter son front aux deux vieillards.

— Allons dîner, dit M. de la Buissière, dont l'émotion

avait disparu pour faire place à son spirituel et gai sourire. Mon garde-chasse nous a tué un chevreuil, dont nous mangerons le premier cuisseau. Berthe, mon enfant, donne-moi ton bras.

II

MONSIEUR BERTAUD A MAXIME DE LA BUISSIÈRE

« Cette lettre vous sera remise, mon cher Maxime, par le vicomte de Tercy, notre compatriote, que j'ai chargé de vous préparer au coup terrible qui vous frappe. Hélas! mon ami, votre père est mort hier dans nos bras. C'était pendant la moisson, un grave souci dans nos montagnes; la journée avait été chaude, presque étouffante. M. le marquis avait néanmoins voulu aller aux champs, porté dans son fauteuil, et il était revenu fort las. Nous dînions au château, ma fille et moi; pendant le dîner, il fut gai, il nous parla de vous plusieurs fois; après, il témoigna le désir de respirer l'air du soir, cet air vif et pénétrant de nos montagnes qui suit d'ordinaire les journées brûlantes. Nous lui obéîmes. On roula son fauteuil sur la terrasse qui conduit au verger. Tout à coup, il appuya la main sur son front et nous dit avec un

geste de souffrance : « Ah! il me semble que je vais mou-
» rir; » et, tout aussitôt, il devint pâle, et puis il poussa un
cri. A ce cri, Berthe accourut, deux domestiques la sui-
vaient. Nous le prîmes dans nos bras trop tard! Il expira
en murmurant votre nom, et le sourire aux lèvres.

. . . .

» Venez, mon cher Maxime, vos intérêts le réclament. Je
me suis emparé provisoirement de la direction des fermes
et de l'administration de votre fortune. Je vous attends pour
vous rendre mes comptes, au double titre de notaire et
d'ami. Je joins à ma lettre le testament de celui que nous
pleurons. »

Dans le testament du marquis se trouvait cette phrase :

« Je ne vous laisse, mon cher enfant, que douze mille livres de rente. C'est peu, c'est même insuffisant pour que
vous puissiez porter convenablement notre nom à Paris et y
tenir un rang; mais il faut que je vous confie un secret qui
peut changer en opulence votre position modeste. Mon père,
lors de la première révolution, fut contraint d'émigrer, et
nous étions fort riches à cette époque. Il enfouit dans le
château une somme considérable en or et en argent, de la
vaisselle plate pour une valeur énorme, et des bijoux de famille. Mon père est mort en 1796, emportant dans la tombe
le secret de sa cachette; mais je suis persuadé que son trésor n'a point été découvert et qu'on parviendrait à le retrouver avec de la patience et des fouilles intelligentes.
J'étais trop vieux pour me livrer à ces recherches; mais je
vous lègue ce secret, et, je l'espère, vous en profiterez après
ma mort. »

III

Ce fut par un soir d'août que Maxime arriva à la Buissière. Il pleuvait, la foudre décrivait de fantasques et terribles arabesques au sommet des Alpes; le ciel était noir, les vastes salles du château mornes et tristes en leur séculaire délabrement.

Lorsque Maxime descendit de sa chaise de poste dans la cour, il aperçut, vêtus de noir et rangés silencieusement sur un seul rang, les serviteurs de son père. M. Bertaud était à leur tête. Il ouvrit ses bras au jeune homme, qui s'y précipita en pleurant, et il le conduisit à l'appartement où le marquis était mort.

La douleur de Maxime fut grande; il refusa de prendre aucun aliment, et il s'enferma dans la chambre mortuaire, où il voulut demeurer seul.

Maxime avait vingt-trois ans; mais Paris l'avait vieilli

avant l'âge, de précoces soucis avaient creusé son front ; peut-être des passions tumultueuses et violentes, qu'on ne heurte que sur le sol brûlant et dur de la grande ville, avaient-elles déjà desséché et flétri son cœur... peut-être un de ces amours funestes qui germent parfois dans une âme noble et candide jusque-là, et lui font choisir pour objet de son culte la plus indigne des idoles, l'enserrait-il de ses liens après l'avoir placé sur la pente irrésistible de la dette et du déshonneur, lorsque la nouvelle de la mort du marquis lui était arrivée. Toujours est-il que, le lendemain, quand M. Bertaud entra dans sa chambre, Maxime lui dit brusquement :

— Croyez-vous à l'existence de ce trésor.
— Pourquoi pas ? répondit le notaire.

Maxime respira bruyamment, et puis il prononça tout bas un nom qui n'arriva point aux oreilles du notaire. Ce nom, peut-être, était celui de l'idole à laquelle il offrait d'avance, et comme nouveau sacrifice, l'or et la vaisselle de ses aïeux.

— Mon enfant, lui dit M. Bertaud, le château de la Buissière est vaste. Il vous faudra longtemps pour trouver la cachette.

— Oh ! dit Maxime avec exaltation, qu'importe ?
— Vous avez douze mille livres de rente.
— Je le sais.
— En biens-fonds, ne l'oubliez pas.

Maxime rêvait et n'écoutait pas.

— Champs, bois et prairies, poursuivit le notaire.

Maxime se taisait toujours.

— Ce qui représente quatre cent mille francs, une grande fortune pour nos pays.

— Ah! fit Maxime.
— Et à votre place...

M. Bertaud hésita.

— Et bien? demanda Maxime.

— Ma foi! dit le notaire, je me soucierais peu du trésor.

— Vous êtes fou, murmura Maxime.

— Je vivrais tranquillement ici, continua M. Bertaud, comme mes pères. Je chasserais en automne, et je *rentrerais* mes foins au printemps, en attendant de trouver une héritière à ma convenance.

Maxime haussa les épaules et ne répondit pas.

Puis, peu après, il reprit brusquement :

— Ainsi donc, mon père n'avait aucune indication précise sur la cachette ?

— Aucune.

— Et il ne supposait pas...

— Il ne supposait rien...

— Oh! dit Maxime, dussé-je bouleverser le château et le démolir pierre à pierre.

— Vous voulez donc être riche à tout prix ?

— Il le faut, murmura Maxime d'une voix sombre, le bonheur de ma vie en dépend.

— Pauvre enfant, soupira le notaire avec compassion. Et puis il serra la main de Maxime et lui dit :

— Eh bien ! mon enfant, installez-vous ici et cherchez. Et, comme l'homme qui cherche un trésor ne songe à autre chose, je continuerai à m'occuper de vos affaires, à administrer votre fortune, à être votre notaire, enfin. Vous avez quelques dettes à payer, je le sais; je vais les payer, et je mènerai si bien votre barque qu'avant deux ans votre revenu sera net. En attendant, mon cher Maxime, venez dîner et déjeuner chez moi tous les jours ; vous n'avez que le parc à traverser, un trajet de dix minutes à travers la prairie. Votre douleur vous sera moins amère que si vous en étiez réduit à vivre seul dans cette vaste demeure, où, hélas! ceux que vous aimiez ne sont plus.

— Soit, répondit Maxime ému.

IV

A partir de ce jour, une tout autre existence commença pour Maxime.

A côté de la douleur du fils, il y avait évidemment une douleur poignante, enflammée, et qui s'abreuvait opiniâtrement à cette source d'âcres espérances qui coule pour ceux qui ont, avant tout, la soif de l'or. Le jeune homme gardait impénétrablement son secret, et cependant le clairvoyant ami de son père devinait que Maxime avait laissé derrière lui un de ces gouffres béants où la jeunesse jette en vain son cœur, ses illusions, ses croyances, et qu'elle ne parvient à combler qu'en y entassant des monceaux d'or.

Dès le lendemain de son arrivée, Maxime parcourut le château depuis les caves jusqu'aux combles, il fouilla les galeries obscures, les armoires profondes, les bahuts vermoulus. Il sonda les murs avec le poing ; il visita les souterrains, une torche à la main, et tout cela sans rencontrer le moindre indice, le plus petit fil conducteur.

Le soir, il alla dîner à l'Oseraie. Ainsi se nommait la maisonnette blanche du notaire.

S'il avait été moins préoccupé, il eût remarqué et admiré la beauté de Berthe ; mais il aperçut à peine la jeune fille.

Elle fut charmante pour lui, cependant, charmante d'attentions minutieuses, de soins délicats, comme une femme seule sait en imaginer. Le père et la fille semblèrent se cotiser et s'entendre pour panser les plaies mystérieuses du jeune homme, et lui refaire une famille à lui, isolé et orphelin.

Le lendemain, Maxime recommença ses investigations et tout aussi infructueusement. Une seconde journée s'écoula, il se rendit plus sombre et plus soucieux encore que la veille à l'Oseraie, où M. Bertaud et sa fille l'attendaient.

— Mon cher enfant, lui dit le notaire, je vous ai prévenu, à moins d'être servi par le hasard, on ne trouve pas, en un jour, un trésor dans un château aussi vaste que la Buissière. Prenez patience, on vient à bout de tout avec le temps.

Ces mots calmèrent la sourde irritation de Maxime ; il passa la soirée à la maisonnette, assis sous une tonnelle auprès du notaire, contemplant malgré lui les sévères et majestueuses beautés du paysage, et aspirant à pleins poumons cette brise tiède et parfumée du soir qui fait tant de bien aux cœurs ulcérés.

Berthe s'était assise à son piano, dans une pièce voisine, au rez-de-chaussée, et les notes graves et mélancoliques d'une valse allemande arrivaient claires, distinctes, empreintes d'une douce rêverie, à l'oreille de Maxime, à qui M. Bertaud parlait des vertus de son père et de l'amour dont les habitants de la Buissière l'avaient entouré.

Si violentes que soient les passions et les douleurs secrètes d'un jeune homme, et quelque despotique empire qu'elles puissent exercer sur lui, elles se taisent parfois cependant quand une voix amie et des doigts d'enchanteresse apportent à son cœur la douce consolation de l'harmonie et l'éloge de ceux qu'il a aimés.

Maxime oublia Paris pendant quelques heures et ce qu'il y avait laissé, et ce trésor qu'il fallait découvrir à tout prix et qu'il y voulait emporter.

M. Bertaud et sa fille le reconduisirent vers dix heures jusqu'à la grille de la Buissière.

La nuit était lumineuse, étoilée, emplie des souffles mystérieux et des vagues parfums qui annoncent la fin de l'été; les grands bois étaient silencieux, les chemins déserts, on n'entendait plus d'autre bruit que le monotone refrain du grillon dans les chaumes, et la dernière lumière venait de s'éteindre au village. Maxime donnait le bras à Berthe, qui causait doucement avec cette voix un peu triste et pleine de charme qui va si bien aux jeunes filles; elle lui parlait musique, cette langue de tout ce qui est jeune et possède une fibre de poésie au fond du cœur.

Elle l'entretenait de Weber, ce maître des maîtres, moissonné au printemps, tandis qu'il chantait son hymne le plus mélodieux; et puis de la musique, elle avait passé à un autre sujet, la peinture. Berthe peignait à l'aquarelle, elle comprenait la nature comme un maître. Et, enfin, car l'éducation de cette fille des champs avait été complète, elle s'était prise à parler littérature et poésie; elle avait lu Lamartine,

Byron, Shakespeare; elle aimait ces belles pages si honnêtes, si vraies, si poétiques, qui attachent, passionnent et émeuvent sans jamais apporter à l'âme la plus suave et la plus naïve un souffle corrupteur, et que Sandeau a signées.

Et Maxime écoutait malgré lui, et il lui semblait qu'une corde, muette jusque-là, frémissait peu à peu dans son cœur et se prenait à vibrer ; et il se demandait comment cette enfant qu'il avait remarquée à peine, qui jamais n'était sortie de son étroite vallée, pouvait deviner qu'elle réussissait à l'émouvoir en lui parlant musique, peinture et poésie, ces trois langues divines qui lui rappelaient le monde qu'il venait de quitter.

Malheureusement le rêve finit. Maxime rentra seul à la Buissière, et là il se trouva face à face avec ses douleurs secrètes et son ardent désir de découvrir le trésor que son aïeul avait enfoui.

La fenêtre de sa chambre donnait sur le parc ; il s'y accouda et y fuma son cigare ; puis le cigare s'éteignit et Maxime continua à rêver. Il ne songeait plus à Berthe, il pensait au trésor, et, tandis que son regard errait sur les grands arbres du parc, il lui vint une étrange idée :

— Qui sait, se dit-il, si mon grand-père n'a point enterré son or dans le parc au lieu de le confier à la discrétion d'un souterrain ou à la profondeur d'une muraille? Et ceci est vraisemblable, poursuivit-il, car il pouvait craindre que le château ne fût incendié ou rasé par les bandes révolutionnaires.

La réflexion que venait de faire Maxime prit insensiblement une certaine consistance dans son esprit, et, lorsqu'il se mit au lit, ce fut avec la ferme conviction de diriger toutes ses investigations vers le parc.

Le lendemain, il alla déjeuner à l'Oseraie, et fit part à M. Bertaud de son projet.

— Mon ami, lui dit le notaire, il est possible que vous ayez raison, et, dans ce cas, je vais vous donner un conseil.

— Voyons, dit Maxime.

— Votre parc a un quart de lieue de rayon, il faudrait six mois pour le fouiller. Cherchez la chambre qu'occupait votre aïeul, mettez-vous chaque soir à la fenêtre de cette chambre, observez tous les arbres, et peut-être qu'un beau jour vous éprouverez une de ces révélations instantanées qui sont le résultat de la méditation ; alors vous étendrez le doigt et direz à coup sûr : C'est là !

— Vous avez raison, s'écria Maxime.

— En attendant, continua M. Bertaud, tâchez de vous distraire, chassez, faites de longues courses, peignez ou faites de la musique avec Berthe ; pour que l'esprit soit lucide, il ne faut point le lasser par une attention soutenue, mais, au contraire, lui laisser ses heures. L'idée fixe conduit à la folie.

V

Maxime suivit le conseil du notaire. Chaque soir, accoudé à la fenêtre de la chambre autrefois occupée par son aïeul, il examinait attentivement, au clair de lune, la forme des arbres, les accidents du terrain, cherchant l'indice révélateur.

Mais les jours s'écoulaient, la révélation se faisait attendre; Maxime commençait à éprouver une secrète lassitude, en même temps qu'une sorte de torpeur morale s'emparait de lui peu à peu. Il ne souhaitait plus si impatiemment le trésor, il tournait moins souvent ses regards vers Paris, les lettres qu'il en recevait étaient moins fréquentes. En même temps, il prolongeait insensiblement ses visites à l'Oseraie; il s'oubliait souvent, accoudé au piano de Berthe, à écouter la voix fraîche et sonore de la jeune fille, et cette voix éveillait en son cœur mille échos mystérieux et muets jusque-là. Parfois Berthe le priait de l'accompagner dans une champêtre excursion, et Maxime éprouvait une joie secrète à courir avec elle par les haies encore vertes, malgré les premières bises d'automne, et les prairies où le gazon commençait à jaunir et semblait pleurer les blanches marguerites, disparues avec le printemps.

Il avait bien encore de sombres accès de tristesse ; il arrivait même souvent qu'une lettre, portant le timbre de Paris, le faisait tressaillir, pâlir et trembler, et, cette lettre ouverte, parfois encore, il se prenait à pleurer, comme pleure l'homme qu'atteint une déception nouvelle.

Cependant les jours s'écoulaient ; aux jours succédaient les mois ; Maxime parlait bien de son prochain départ, et il restait ; du trésor qu'il trouverait à coup sûr, et de trésor point, malgré tout.

Tout en laissant à M. Bertaud la complète et absolue direction de ses affaires, le jeune marquis de la Buissière s'était insensiblement mêlé aux travaux agricoles, et il y avait pris goût. Puis, il s'était accoutumé facilement à cette existence calme et simple, occupée et grandiose à la fois du propriétaire agriculteur ; il aimait à présider aux repas de ses faneurs et de ses bouviers ; il apprenait avec la joie d'un enfant à émonder un arbre et à le greffer.

Bertaud souriait à cette lente métamorphose, et, lorsqu'il voyait Maxime à l'Oseraie, il jetait un regard furtif sur Berthe, qui rougissait, et dont le cœur battait bien fort.

On ne parlait presque plus du trésor enfoui ; — très souvent Maxime s'accoudait à la croisée qu'il avait choisie pour observatoire, et, au lieu d'examiner attentivement le parc, il laissait aller au delà son regard, qui s'arrêtait sur les persiennes vertes de l'Oseraie, et, au lieu de rêver aux richesses de ses pères, il rêvait à Berthe, qui sommeillait à cette heure sous les rideaux blancs de son lit virginal.

Un jour, M. Bertaud arriva de grand matin à la Buissière.

— Mon cher enfant, dit-il à Maxime, j'ai une bonne nouvelle à vous donner. J'ai fait, en votre nom, un marché superbe ; j'ai vendu vos Blaches, de pauvres bois rabougris qui ne rendaient absolument rien, et dont on m'offre une somme considérable : quarante mille francs !

— Ah ! dit négligemment Maxime.

— C'est un beau denier, n'est-ce pas ?

— En effet.

— Et cela bouchera un fameux trou.

Maxime tressaillit.

— Ah ! fit mystérieusement M. Bertaud, vous pouvez bien maintenant me faire vos confidences, mon cher Maxime ; vous aviez mené bonne vie à Paris....

Maxime rougit.

— Et, depuis deux mois, j'ai payé quarante-trois mille francs. Heureusement c'est tout, et vous avez bien douze mille bonnes livres de revenu, assez pour être nommé député quand cela vous plaira. Retournez-vous à Paris, Maxime ?

— Paris ! murmura le jeune homme, ainsi qu'on prononce un nom presque oublié et que nous renvoie un lointain et mourant écho ; —ah ! oui, Paris, fit-il en tressaillant, Paris, la ville des souffrances ténébreuses et des tortures qu'on ne redit point... Paris, où il se trouve des créatures étranges, sphinx à triple énigme, marbres antiques sous lesquels le cœur ne bat point, et qui prennent notre cœur, à nous, jeunes gens, pour en faire un coussin à leurs pieds que nous avons chaussés d'or avec les économies de nos sœurs et les avances des usuriers sur l'hoirie de nos pères ; — Paris, où j'ai vécu trois ans, me tordant et me débattant en vain dans les liens d'un esclavage qui s'est brisé avec la dernière maille de ma bourse et le dernier remords de mon cœur.

Maxime s'exaltait en parlant :

— Écoutez, dit-il au notaire, je suis venu ici, il y a trois mois, l'homme le plus malheureux du monde ; j'avais un gouffre derrière moi, et, nouveau Des Grieux, je voulais retourner à ce gouffre, des bords duquel j'avais été violemment arraché. C'est pour cela qu'il me fallait de l'or, et beaucoup ; que le trésor enfoui par mes pères, je devais le trouver au plus vite, et que, ce trésor trouvé, je n'aurais pas assez d'énergie pour courir, les chevaux seraient trop lents pour m'emporter, le railway des chemins de fer me paraîtrait une route encombrée, tant j'avais hâte d'aller reprendre ce qui venait de m'échapper, et de me rejeter dans le tourbillon que j'avais fendu un instant.

Hélas ! mon ami, le temps, la solitude, la réflexion, m'ont calmé : l'ingratitude, le silence, un dédaigneux oubli ont achevé de me guérir. Et puis, un jour, le bandeau qui voilait mon front s'est détaché tout entier, j'ai vu le bonheur vrai heurtant à ma porte... Mon ami, allons lui ouvrir, faites-moi l'honneur de m'accorder la main de mademoiselle Berthe, votre fille, que j'aime, et dont je vous prie de me permettre de faire le bonheur...

Un mois après, au sortir de l'église du village où Berthe venait de quitter le nom de son père pour s'appeler la marquise de la Buissière, Maxime prit le bras du notaire et lui dit :

— Mon cher père, il m'est venu, hier, une singulière pensée touchant ce trésor que nous cherchons et ne trouvons pas.

— Ah! dit M. Bertaud.

— Je me suis pris à penser que mon excellent père avait fait, pour me ramener au sol natal et m'y enchaîner, un innocent mensonge, et que ce trésor n'existait pas...

— Peut-être avez-vous raison, Maxime, répondit le motaire en souriant.

— Mon père avait lu le bon La Fontaine, reprit Maxime en baisant sa jeune femme au front, il se souvenait du laboureur et de ses enfants, et il savait bien qu'après avoir cherché longtemps ce trésor imaginaire, je finirais par apercevoir celui qui m'était destiné, et qui vaut mieux que tout l'or du monde, car il se nomme le bonheur!

A TRENTE ANS

I

OLIVIER DE MIBRAY A CHARLES C...

Château de Mibray, près Nevers.

Non, mon cher ami, je ne tiendrai point ma promesse; je n'irai pas, cet hiver, m'installer à Paris, au premier étage de cette maison de la Chaussée-d'Antin dont tu habites l'entresol. Je passerai l'automne à Mibray, et après l'automne, l'hiver.

Et pourtant, ni la passion de la chasse, ni l'amour de la pêche, ni les vagues rêveries des poëtes qui aiment la chute des feuilles, ne me retiennent dans mon vieux manoir, dont la mort prématurée de mon excellent père m'a fait l'unique maître. Mon parc centenaire commence à se dépouiller, mes pelouses jaunissent aux âpres baisers des bises d'octobre, les veillées s'allongent, et mon vieux piqueur me gourmande si vertement chaque jour sur mes bévues cynégétiques et ma maladresse de tireur, que la campagne aurait pour moi fort peu d'attraits si je n'avais des voisins, — je veux dire une voisine. Voici la moitié de mon secret qui m'échappe.

Te souviens-tu de l'automne que tu vins passer à Mibray, il y a deux ans, au sortir de l'Ecole de droit, et juste au moment où s'accomplissait notre vingt et unième année ? — Te souviens-tu encore de ce coquet petit castel bâti à mi-côte au bord de la Nièvre, à une demi-lieue de Mibray, et qui était à vendre alors? La Fontenelle, c'est son nom, a été vendue au printemps dernier à une Parisienne, madame de Verne, qui l'habite depuis lors et y passera l'hiver.

Évoque, mon cher ami, tous les types gracieux et un peu romanesques de Walter Scott et de Balzac, si tu veux te figurer madame de Verne. Elle est blonde comme la Malvina d'Ossian, grande, svelte et frêle, ainsi que la Béatrix de Balzac ; rêveuse et mélancolique comme l'héroïne des puritains d'Écosse. Quel âge a-t-elle ? je ne le sais ; peut-être vingt ans, peut-être trente. Elle a le sourire de la jeunesse et le regard triste de l'âme éprouvée déjà.

Elle est veuve depuis trois ans; elle n'a pas d'enfants, mais elle a adopté sa nièce, une jeune fille de quinze à seize ans, qu'on nomme Henriette, et qui est presque aussi belle que sa tante.

Je ne sais si madame de Verne, en fuyant Paris et le monde, a simplement obéi à un goût inné de solitude et de silence, ou si quelque sombre malheur l'a prématurément arrachée à cette existence toute de plaisirs et de bruit qui offre de si puissants attraits à une femme jeune, riche, belle et portant un noble nom. Quelquefois je me prends à penser qu'elle aimait son mari, qu'elle est venue le pleurer dans la retraite, et alors je frissonne et j'ai peur... Tu devines que je l'aime, n'est-ce pas?

L'histoire de mon amour est simple, mon ami, comme celle de toutes les passions vraies et profondes. Je vais te la dire en quelques lignes.

Lorsque madame de Verne arriva, il y a trois mois, à la Fontenelle, mes fermiers et les siens se trouvaient en discussion à propos d'un bouquet de châtaigniers situé sur la lisière des deux propriétés. Les fermiers de la Fontenelle étaient des gens querelleurs et entêtés; ils étaient dans leur tort, et c'est pour cela qu'ils ne voulaient point entendre raison. Je songeai que le plus sûr moyen d'aplanir le différend était de m'en mêler moi-même et d'en appeler à madame de Verne.

Je me présentai un jour, vers cinq heures, à la Fontenelle, par la plus tiède et la plus embaumée des soirées du printemps. La nouvelle châtelaine me reçut au fond du parc, sous un berceau de lilas et de chèvrefeuilles, où elle avait installé ses pénates rêveurs.

Elle brodait, assise sur un banc, lorsque je parus sur le seuil du pavillon de verdure; Henriette était auprès d'elle et lisait.

Mon valet de chambre avait le matin annoncé ma visite. On me reçut avec ce sourire digne et poli qui sent la femme distinguée, et qui semble indiquer la position remplie de délicates réserves de la veuve.

Je fus ébloui de la beauté de madame de Verne, de son esprit facile, léger et sans prétentions, de sa grâce en les plus petites choses. Nous nous prîmes à causer, et nous oubliâmes l'heure qui coulait entraînant le soleil à l'extrémité de l'horizon.

On vint annoncer à la veuve que son dîner était servi. Je m'excusai et voulus me retirer.

— Mon Dieu ! me dit-elle, nous n'avons pas encore abordé le point essentiel de notre entrevue, monsieur le vicomte; oserai-je vous offrir de dîner à la Fontenelle ? Les graves questions diplomatiques se traitent toujours à table.

Elle accompagna ces mots d'un sourire qui me fascina. Je restai.

Huit jours après, je revins. J'avais à faire une visite de digestion. Je fus assez adroit pour me ménager le prétexte d'une nouvelle entrevue. Je n'aimais point encore madame de Verne, cependant je me sentais attiré vers elle par un attrait irrésistible. Peu à peu, je multipliai mes visites à la Fontenelle, me servant du motif le plus insignifiant. Tantôt une compagnie de perdreaux que je poursuivais depuis le matin m'avait conduit au bord du parc ; tantôt je lui envoyais un chevreuil, et alors elle m'écrivait un gracieux billet pour m'inviter à dîner.

Elle est musicienne, elle chante à ravir ; je l'accompagne souvent au piano. Enfin, mon ami, il arrive parfois, quand nos journées d'octobre ont une tiède et belle soirée remplie de murmures vagues et de parfums, il arrive qu'elle prend mon bras, que nous allons à l'aventure par les prés encore verts et les bois silencieux ; souvent muets, tremblants l'un et l'autre, nous aimant et n'osant nous le dire...

Bien des fois un aveu vient errer sur mes lèvres... je n'ose pas... Souvent aussi son regard semble me dire : Parlez ! et je n'ose pas davantage.

Pourtant elle est veuve et je suis mon maître. Je suis riche, je suis jeune, on m'aime et on m'estime généralement, mon nom est sans tache, ma main loyale... pourquoi hésiter à lui offrir l'un et l'autre?

Donne-moi donc un conseil.

OLIVIER.

II

MADAME DE VERNE A LA MARQUISE DE B...

Il y a bien longtemps que je ne vous ai écrit, ma bonne Lucy, et c'est mal à moi. La douleur est expansive, le calme oublieux et muet. Après la mort de M. de Verne et tout le temps que j'ai enveloppé son ombre et sa mémoire de mon amour, je vous écrivais tous les mois, vous demandant ces consolations que le cœur brisé ne retrouve qu'au foyer de l'amitié ; — hélas ! j'ai cessé tout à coup de vous écrire... comprenez-vous ?

C'est que, ma bonne Lucy, le temps a le funeste privilége de ressembler à ces vents d'automne qui dessèchent les pleurs du matin au bord des feuilles de nos grands arbres et dans la corolle des fleurs inclinées et jaunies déjà ; — le temps essuie en passant les larmes que nous versons, et après lui vient une brise qu'on nomme espérance, et les ombres les plus chères s'éloignent et s'effacent, et ceux dont la perte vous faisait souhaiter de les rejoindre au plus vite désertent insensiblement la place qu'ils occupaient au fond de notre cœur, et y laissent pénétrer une autre image qui grandit et prend consistance à mesure que la leur s'amoindrit et se décolore, ainsi que le crépuscule du matin, qui représente la nuit du tombeau, s'évanouit aux premiers rayons du soleil qui arrive comme l'emblème de la vie.

Vous me comprenez, n'est-ce pas, chère marquise? L'ombre de feu M. de Verne s'efface devant un vivant. On aime donc encore à trente ans bien sonnés? et le pauvre cœur des femmes ressemble donc à ces terres fertiles qu'en vain ravagent les inondations et les tempêtes, qui s'ouvrent docilement sous la charrue après l'orage, et produisent, à la saison suivante, une ample moisson? Hélas! ma bonne Lucy, mon cœur a parlé. Au désespoir est venu succéder l'espérance! le souffle de mort qui me ravageait s'est éteint aux rayons d'un sourire...

Ici, madame de Verne racontait à la marquise l'histoire de ses relations avec le vicomte de Mibray, à peu près dans les mêmes termes qu'Olivier avait employés lui-même dans sa lettre; puis elle continuait:

Vous ne sauriez croire, marquise, combien je suis faible et tremblante lorsqu'il entre au salon de la Fontenelle. Il s'apercevrait bien certainement de ma pâleur et de mon trouble si lui-même n'était ému et tremblant. Il m'aime, je le sens, et chaque jour, lorsque le hasard éloigne un moment de nous Henriette, quand nous nous trouvons seuls, je frissonne et j'ai peur... Je redoute un aveu presque aussi fortement que je le désire. Il me semble qu'au premier mot d'amour que nous essayerions d'échanger, il sortirait de terre un de ces obstacles qui renversent tout et détruisent l'avenir de ceux qui ont osé rêver le bonheur.

Et puis, chère Lucy, savez-vous bien que j'ai trente ans, et qu'il n'en a que vingt-trois ?

Lorsque j'y pense, une lueur de raison se fait dans ma tête, je reconnais ma folie et j'essaye de revenir à la sagesse. Je regarde alors Henriette, cette enfant de mon frère aîné, cette pauvre orpheline à qui je dois servir de mère, et je songe qu'elle serait peut-être heureuse si elle était aimée d'Olivier. Ils seraient charmants tous deux, ces enfants ; elle a seize ans, lui vingt-trois ; ils s'aimeraient si je n'étais là...

Donnez-moi un bon conseil, chère marquise; envoyez-moi, dans une de ces lettres où vous épandez votre noble cœur tout entier, quelques bonnes paroles qui puissent guider mon cœur affolé et ma pauvre tête qui s'égare...

Adieu.

CLÉMENCE DE VERNE.

III

CHARLES A OLIVIER

Sais-tu bien, mon ami, que je connais, sinon madame de Verne, au moins la moitié de son histoire. Elle a adoré son mari, elle est allée s'ensevelir à la Fontenelle pour le pleurer. M. de Verne était un homme accompli, beau, brave, spirituel, d'une grande distinction, bon jusqu'à l'abnégation, dévoué jusqu'à l'héroïsme ; c'est un terrible rival que l'ombre d'un tel mort !... Et si madame de Verne t'aime, sais-tu qu'au premier nuage, après la lune de miel, la comparaison sera fatale et terrible ? — Et puis encore, sais-tu bien qu'elle a au moins trente ans ?

Ah ! mon ami, c'est une rude tâche qu'épouser une veuve, et lutter jour et nuit avec un fantôme, c'est-à-dire un être parfait, qui ne commet ni fautes ni trahisons, qui est descendu fidèle dans la tombe, et n'en ressort que pour se draper de toutes les qualités qui l'ornèrent pendant sa vie et que la mort poétise si bien ! Il est terrible aussi, quand les premiers cheveux s'argentent çà et là d'un filet blanc et que nos fines moustaches épaississent, d'apercevoir la noire chevelure de celle dont nous avons fait notre compagne semée abondamment de ces mêmes filets d'argent.... Elle aura trente-sept ans, l'âge mûr des femmes, lorsque tu toucheras à peine à la trentième année, ce mois de juin de notre jeunesse....

Réfléchis et écris-moi.

CHARLES G.

IV

OLIVIER A CHARLES

Mon cher ami,

Je suis dans la position de l'homme qui demande un conseil et qui, ce conseil donné, agit cependant à sa guise. Non, mon ami, madame de Verne n'a pas trente ans, c'est impossible ! Et d'ailleurs, qu'importe, après tout?... L'amour est-il donc une question d'extrait de naissance? Je l'aime, mon ami, avec passion, avec délire, et si je ne parviens à enchaîner ma vie à la sienne, je sens que j'en mourrai. J'ai longtemps hésité, tremblé, reculé... Maintenant il est trop tard. Je vais écrire à madame de Verne ce soir pour lui demander officiellement sa main, et je me présenterai demain soir à la Fontenelle. Va, mon ami, ne t'apprête point à me gronder : quand tu verras madame de Mibray, tu me tendras les deux mains pour m'applaudir...

V

MADAME DE VERNE A LA MARQUISE

Huit heures du soir.

Je perds la tête, chère Lucy. Vous ne m'avez point répondu encore; votre conseil arrivera trop tard. Il vient de m'écrire ; il me demande ma main... Que lui dire ?

Est-il possible de lui répondre demain, quand il se présentera : « J'attends le conseil et l'avis d'une amie? » Non, cela ne se peut. Le sort en est jeté... Mon Dieu ! je suis folle. Pauvre Arthur ! Dites-moi, mon amie, pensez-vous que l'ombre de M. de Verne ne tressaillera point d'indignation, et qu'elle ne me maudira point?

Henriette est rêveuse et triste depuis quelques jours. Cette tristesse et cette rêverie m'effrayent, je ne sais pourquoi; je tremble en y songeant. Si elle aimait Olivier? Ah! Lucy, vous êtes bien coupable de ne m'avoir point répondu aussitôt...

Minuit, même jour.

Lucy, il me semble que je vais mourir. Le plus affreux des malheurs fond sur moi. Henriette aime Olivier. Oh! le hasard a d'abominables combinaisons, et ses trahisons sont incalculables. Elle aime Olivier! Comprenez-vous ces trois mots? C'est-à-dire qu'à partir de cette heure il faut que je voie une rivale dans cette enfant si naïve, si pure, si bonne; que je ressente pour elle autant de haine que naguère j'avais d'amour; qu'elle cesse d'être pour moi une fille et une amie; que je la foule aux pieds sans remords et sans honte, — ou bien que je m'efface, que je renonce à Olivier, que j'étouffe les battements de mon cœur, les rêves et les espoirs de mon âme, et que je meure, moi, pour ne la point tuer! C'est affreux!

Oh! vous ne devinerez jamais ce qui s'est passé, quelle catastrophe s'est accomplie en une heure entre la première page de ma lettre et celle que j'écris en ce moment.

Le facteur rural passe à la Fontenelle vers la nuit. Il était en retard aujourd'hui; il n'est arrivé qu'à neuf heures. Il était porteur d'une lettre timbrée à Paris. J'ai eu un frisson de joie, j'ai espéré que cette lettre était de vous. Non, hélas!

Mon frère, le père d'Henriette, avait un ami d'enfance, le comte d'O..., qui partit en 1830 pour les États-Unis. Ils s'étaient plu souvent, dans leur jeunesse, à former le projet d'unir un jour leurs enfants, s'ils étaient assez heureux pour devenir pères. Le comte se maria à Philadelphie; il eut un fils qui a aujourd'hui vingt ans, et il est arrivé à Paris il y a deux mois. Le comte m'écrivait et me demandait la main d'Henriette pour son fils.

Henriette était alors près de moi. Je lui tendis la lettre du comte; elle la lut et devint fort pâle. Et puis cette lettre lui échappa des mains et elle fondit en larmes. Vous pensez, ma bonne Lucy, qu'il ne m'a point été difficile de lui arracher son secret... Elle aime Olivier!

J'ai été forte et calme, je vous le jure : lorsqu'un malheur fond sur nous, la première heure qui le suit n'appartient pas encore au désespoir. On ne fléchit qu'après. Le coup de massue nous laisse debout. Henriette n'a rien deviné, rien compris; de mon côté, je ne lui ai adressé ni consolations ni reproches, je me suis tenue sur la réserve et lui ai demandé vingt-quatre heures pour me prononcer...

La pauvre enfant va bien souffrir. Et moi, mon Dieu! que vais-je faire?

Je ne sais...

Je laisse ma lettre ouverte. Je la continuerai demain.

VI

Le lendemain, vers trois heures, Olivier de Mibray, son fusil sur l'épaule, suivait à pas lents le sentier qui conduisait à la Fontenelle.

La soirée était belle, les haies emplies d'oisillons babillards, les prés encore verts, les tilleuls qui bordaient le chemin n'avaient perdu qu'une faible partie de leur ramure, et les grands marronniers du parc, qu'Olivier traversa, jaunissaient à peine à leur cime.

Le jeune homme, à mesure qu'il approchait, ralentissait sa marche; il semblait redouter d'arriver trop tôt, et le cœur lui manqua lorsqu'il eut aperçu Henriette assise seule sous le berceau de verdure où, pour la première fois, il avait vu madame de Verne.

Il s'approcha néanmoins et salua profondément la jeune fille.

Henriette rougit et balbutia. Ce trouble inusité impressionna vivement Olivier sans qu'il en pût au juste deviner la cause.

— Madame votre tante... murmura-t-il en tremblant.

— Ma tante, répondit Henriette, n'est pas au château.

Olivier pâlit. Henriette n'y prit garde.

— Ma tante, poursuivit la jeune fille, ne s'attendait point sans doute à votre bonne visite, monsieur...

— Ah! murmura Olivier d'une voix altérée.

— Elle est partie après déjeuner...

— Partie?

— Partie avec Jérôme, son intendant, pour la Combette, cette ferme qui dépend de la Fontenelle, et où elle avait affaire. Elle reviendra pour dîner.

Olivier respira.

— Vous nous restez, n'est-ce pas? reprit la jeune fille d'une voix émue et tremblante qui frappa de plus en plus Olivier.

— Mais... sans doute...

— J'ai peur, continua Henriette, que vous ne trouviez le temps bien long, monsieur, d'ici là...

Olivier tressaillit et regarda la nièce de madame de Verne, de plus en plus émue et rougissante.

— Ah! mademoiselle, fit-il d'un ton de reproche, vous avez de moi une bien vilaine opinion...

Henriette soupira.

— Prendriez-vous bien mon bras pour un tour de promenade, mademoiselle?

— Oui, monsieur. Où irons-nous?

— Tenez, dit Olivier subjugué malgré lui et en proie à un trouble inconnu, voulez-vous que nous descendions au moulin de Chenevières, qui est à vingt minutes en aval de la

Nièvre, ou que nous remontions aux forges de Nogaret, qui ne sont pas beaucoup plus loin ?

— Je préfère le moulin, répondit Henriette.

Et elle s'appuya doucement sur son bras.

Que se dirent, pendant cette longue promenade faite au bras l'un de l'autre, ces deux jeunes gens dont madame de Verne disait naguère : « Ils seraient charmants tous deux ! » nous ne le savons pas au juste, mais il est dangereux pour un homme de vingt-trois ans de s'en aller au bord de l'eau et tout au long d'un rideau de saules, un soir d'automne, avec une gracieuse et naïve enfant qui caquette et babille un peu à tort et à travers, et laisse échapper, quoi qu'elle fasse, les secrets de son jeune cœur...

Et lorsqu'ils revinrent, après avoir bu du lait au moulin, Olivier était tout pensif, et, en arrivant au château, il éprouva presque un mouvement de joie lorsqu'il apprit que madame de Verne venait d'envoyer Jérôme prévenir Henriette que, fatiguée d'une longue course à pied, elle coucherait à la Combette.

Olivier dîna à la Fontenelle en tête-à-tête avec Henriette, et, lorsqu'il rentra à Mibray, il écrivit à son ami Charles C... la lettre suivante :

VII

Il y a dans le cœur humain, mon cher ami, de singulières contradictions. Les moralistes ne tiennent pas assez compte, je le crois, de l'influence de la nature sur l'amour.

J'arrive de la Fontenelle. Ma lettre m'avait précédé. Madame de Verne a-t-elle repoussé ma demande, ou bien hésite-t-elle comme j'ai hésité moi-même pendant un mois? Je ne sais... toujours est-il qu'elle est partie de la Fontenelle ce matin, sous je ne sais quel prétexte, et qu'elle n'y est pas rentrée ce soir. Je n'ai trouvé qu'Henriette.

Un singulier pressentiment m'assaille et me domine : je crois qu'Henriette m'aime. Nous avons fait ensemble une longue promenade, à travers champs, par monts et par vaux. J'en suis encore tout ému. Elle est charmante, cette enfant; si je n'aimais la tante, j'aimerais la nièce. Oh! les trahisons féminines de la nature, mon cher ami; oh! les piéges incessants que la brise du soir, le murmure des ruisseaux et la chanson des fauvettes tendent à notre pauvre cœur, qui n'est pas sur ses gardes, lorsque vient à s'appuyer à notre bras une jeune fille rieuse et timide à la fois, qui dit naïvement en un sourire les pleurs et les espoirs de son âme...

Et, pourtant, j'aime madame de Verne, je l'aime avec passion, mon ami, et son absence d'aujourd'hui me paraît d'un sinistre augure... Pourquoi cette absence?

Hélas! que je voudrais donc que Paris fût à deux pas! j'irais te consulter; peut-être m'éclairerais-tu?...

VIII

MADAME DE VERNE A LA MARQUISE DE B...

Je vous envoie, ma bonne Lucy, une copie de la lettre que mon valet de chambre vient de porter à Mibray, et je suis celle que j'écris en ce moment. Dans une heure, nous partons pour Paris, Henriette et moi. J'ai été forte et courageuse, mais je souffre horriblement. Je l'aimais tant! Dieu me pardonnera le mensonge que je lui fais en faveur de mon amour. J'ai donc trompé Olivier pour faire le bonheur d'Henriette.

IX

MADAME DE VERNE A OLIVIER DE MIBRAY

Vous êtes un enfant, mon cher Olivier, une tête folle de vingt-trois ans, qui ne sait rien de la vie, pas même l'âge des femmes. Vous m'aimez, dites-vous, et vous m'offrez votre main. Pauvre ami! Mais ne savez-vous pas qu'Henriette vous aime, et que c'est parce qu'elle vous aimait et que je le savais, que je vous ai permis de venir tous les jours à la Fontenelle? Ne savez-vous pas encore que, si je vous épousais, Henriette en mourrait?...

Et puis, ce que vous ne savez pas, et ce qu'il faut que je vous dise... Oh! tenez, une détestable coquetterie a causé ce malheur! Je suis belle encore, je ne veux pas avoir trente-six ans, et c'est pour cela que ma fille passait pour ma nièce aux yeux de tous.

Henriette est ma fille !

Olivier, mon enfant, j'ai trente-six ans! c'est-à-dire que dans quatre années, je serai cette vieille femme que les romanciers ont ridiculisée, que la jeunesse raille et laisse sur sa banquette quand frissonne le premier accord d'une valse; que, dans quatre années, si je vous épousais, le monde impitoyable, en vous voyant passer, dirait : C'est le fils et la mère !

Et puis ceux qui sauraient que ma fille vous aimait, et que je l'ai sacrifiée à ma coquetterie surannée, auraient le droit de m'accabler de leur mépris; et vous, mon ami, vous seriez cet aveugle qui prend le saumon de cuivre et dédaigne le lingot d'or.

Vous allez éprouver une déception cruelle en lisant cette lettre, mon cher Olivier. Courage ! quelques jours écoulés, et le voile se déchirera, la plaie sera cicatrisée et votre amour éteint.

Alors, mon ami, partez, quittez Mibray, allez passer l'hiver en Italie, cette terre où vont ceux qui souffrent. Le ciel et les brises de la mer napolitaine achèveront votre cure morale ; et cette cure accomplie, vous pourrez, sans danger, tourner vos regards et vos espérances vers la terre de la patrie abandonnée, ainsi que dit Virgile, et songer à Mibray et à la Fontenelle, ces lieux où vous nous avez vues pour la première fois.

Alors encore, mon cher Olivier, au lieu de chercher à revoir en rêve cette vieille femme qui, touchant à l'automne, avait conservé quelques vestiges du printemps, rappelez-vous cette belle et candide jeune fille qui rougissait et dont le cœur battait bien fort lorsque vous entriez au salon de notre petit castel : songez à elle souvent, toujours, à toute heure. Le temps n'est pas loin, je l'espère, où vous viendrez vous agenouiller devant sa mère et lui demander la main de sa fille.

Adieu, tête folle et cœur d'or.

Votre vieille amie,

CLÉMENCE DE VERNE.

X

CHARLES C... A LA MARQUISE DE B...

Madame,

Nous avons été les confidents d'un roman, et il paraît que le dénoûment nous en est confié.

Mon ami, le vicomte de Mibray, m'écrit de Florence, où il a passé l'hiver, pour me charger de demander la main de mademoiselle Henriette de Verne.

Les termes de sa lettre sont tels, que je crois sans danger aucun, maintenant, de lui avouer le sublime mensonge de madame de Verne. Il aime Henriette, — l'amour va vite à distance, — et il apprendra sans trop d'émotion qu'il a une jeune tante, et non une belle-mère. Pauvre femme !

XI

LA MARQUISE DE B... A CHARLES C...

Monsieur,

La main d'Henriette est accordée au vicomte de Mibray. Je ne vous dirai point, à mon tour, que madame de Verne a oublié Olivier, — mais les femmes sont plus fortes que les hommes lorsque le sacrifice de leur amour repose sur la raison et le dévouement.

	Pages
L'HÉRITAGE D'UN COMEDIEN.	1
HISTOIRE D'UNE MAÎTRESSE MORTE.	161
LES ORANGES DE LA MARQUISE.	223
LA DRAGONNE DU CHEVALIER.	244
LE TRESOR MYSTERIEUX.	269
A TRENTE ANS.	293

EN VENTE A LA LIBRAIRIE DE E. DENTU

Dernières nouveautés à 3 fr. le vol.

D'ALBANÈS HAVARD
Voltaire et Mme du Châtelet. Mémoires d'un serviteur de Voltaire. . . . 1 vol.

PAUL AVENEL
Le Duc des Moines, roman historique. . . . 1 vol.

H. AUGU
Les Zouaves de la mort épisode de l'insurrection polonaise en 1863. 1 vol.

LÉON BERTRAND
Tonton, Tontaine, Tonton. Récits de chasse. . . . 1 vol.

BERNARD DEROSNE
Dans tous les pays. . . . 1 vol.

DU CASSE
Quatorze de dîner, scènes de la vie militaire. . . . 1 vol.

J. CLARETIE
Une drôlesse. . . . 1 vol.
Les Victimes de Paris. . . . 1 vol.

DE GASTON
Les Marchands de miracles. . . . 1 vol.
Les Tricheurs, scène de jeu. . . . 1 vol.

L. DESNOYER & V. PERCEVAL
Une femme dangereuse. . . . 1 vol.

FORTUNIO
La Blonde amoureuse. . . . 1 vol.
Les Amours de Geneviève. . . . 1 vol.

PAUL FÉVAL
La Garde noire. . . . 1 vol.
Le Drame de jeunesse. . . . 1 vol.
La Fabrique de mariages. . . . 1 vol.

GRENIER
La Grèce en 1863. . . . 1 vol.

ÉDOUARD FOURNIER
Chroniques et Légendes des rues de Paris. . . . 1 vol.
Énigmes des rues de Paris. . . . 1 vol.
Histoire du Pont-Neuf. . . . 2 vol.

LOUIS JOURDAN
Les Martyrs de l'amour. . . . 1 vol.

VICTOR KONING
Les Coulisses parisiennes. . . . 1 vol.

MANÉ
Paris mystérieux. . . . 1 vol.
Paris viveur. . . . 1 vol.
Paris amoureux. . . . 1 vol.

E. DE MIRECOURT
La Queue de Voltaire. . . . 1 vol.
La Bourse et les Signes du siècle. 1 vol.

ANTONY MÉRAY
Tribulations d'un joyeux monarque. . . . 1 vol.

MOREAU-CHRISTOPHE
Le Monde des coquins. . . . 1 vol.

DE PARCEVAL-DESCHÊNES
Mémoires d'un billet de banque. 1 vol.

PONSON DU TERRAIL
Les Nuits de la Maison dorée. 1 vol.
Les Gandins. . . . 2 vol.
La Jeunesse du roi Henri. . . . 1 vol.

A. ROBERT
La Guerre des gueux. . . . 1 vol.

SCRIBE
Noëlie. . . . 1 vol.
Fleurette la Bouquetière. . . . 1 vol.

Mme STEV*
L'Amant de carton. . . . 1 vol.

www.ingramcontent.com/pod-product-compliance
Lightning Source LLC
Chambersburg PA
CBHW060353170426
43199CB00013B/1855